I0835253

Al modo de Narciso

Especulaciones estéticas

Jorge Brioso

Al modo de Narciso

Especulaciones estéticas

Edición: Sandra Rossi Britto & Pablo de Cuba Soria
© Logotipo de la editorial: Umberto Peña
© Ilustración de cubierta: Geandy Pavón

www.editorialcasavacia.com

casavacia16@gmail.com

Richmond, Virginia

Impreso en USA

ISBN: 978-1-961722-14-9

A mis padres, Jorge Brioso y Caridad Bascó,
a quienes les debo todo.

PRÓLOGO

La crítica de la literatura y el arte, en los tiempos del Chat GPT, afronta el reto de hacer inteligible la enorme complejidad que revisten los lenguajes para hablar del drama humano en su inabarcable variedad. Jorge Brioso, en *Al modo de Narciso. Especulaciones estéticas*, asume y resuelve magistralmente este reto. Valiéndose del mito de Narciso y una audaz especulación estética, Brioso nos adentra en la comprensión de la literatura y el arte contemporáneos desde una visión crítica, donde ensayar —especular— es ampliar los límites sobre la percepción de la realidad. No obstante, algo debe quedar claro: lo que nos dicen estos ensayos es que los mecanismos críticos, las herramientas investigativas para pulsar la realidad, van siempre por detrás de ella, están siempre desactualizadas. Cualquier *update* de la percepción, por múltiples y abarcadores que sean sus vectores para hacer un *upgrade* de nuestra sensorialidad, nacen siempre con defectos de fábrica. Aun cuando puedan culminar su tarea con el mayor rigor posible, los resultados serán siempre deficitarios. La única manera en que hoy se puede hablar de realidad es a partir de la creación de algoritmos que aspiran a cartografiar todo lo que hay. El mapa como herramienta moderna que registraba territorios, bordes, fronteras o límites es ya un obsoleto total. Google Map es hoy, en su absoluta virtualidad, la realidad más absoluta.

En *Al modo de Narciso. Especulaciones estéticas*, con un estilo ensayístico apoyado en la investigación filológica, pero también en el archivo sociocultural, Brioso explica (comunica) la naturaleza contradictoria del hecho artístico y literario, aborda las dinámicas propias y las singularidades del lenguaje para especialistas o entendidos en las materias. Los ensayos aquí reunidos, donde la actualidad del arte contemporáneo se entrelaza con interpretaciones contemporáneas de la literatura antigua y moderna, recuperan una visión de la cultura occidental cuya interpretación no acude al narcisismo, esa obsesión por ver la imagen propia reflejada en todo lo que nos rodea, sino que se adentra en el mito de Narciso, en la pulsión que emite su imagen, su reflejo, que revela lo que nadie ve: el propio rostro y la espalda del mundo. Y esto se debe a que Narciso, como nos dice el autor de este volumen, "de tanto mirarse, no puede conocer la imagen que lo refleja: de tanto reflexionar nunca descubre su espejo. Reflejar el mundo y reflexionar sobre él son tareas que si se intentan al unísono pueden acarrear la muerte".

Si la realidad ya no tiene asidero ni en lo que vemos, ni en lo que olemos, ni en lo que tocamos, ni en lo que saboreamos, ni tampoco en lo que escuchamos; entonces la vida ya no puede ser vivida sino a través de prótesis, a través de una virtualidad que se reconoce como tal, que aspira a seguirle el trazo a lo vivo, incluso cuando se separa de nuestra vida, cuando la inercia lo hala hacia lo inorgánico. Las prótesis sirven para vislumbrar ese más allá del origen, esa huida fuera del orden que el principio proponía para la realidad. o sin fondo, le llama Deleuze refiriéndose a la pulsión de muerte freudiana. Lo sin fondo que es lo que sostiene y posibilita el fundamento. Lo trascendental, también le llama Deleuze, pues explica lo que hace posible que un principio rija un territorio, un dominio, una zona de lo real.

Sin embargo, en este sentido solo se puede especular —como aclara Freud en *Más allá del principio del placer*—, que es lo contrario de aspirar a construir un mapa virtual que incluya todo el mundo real. Eso, justamente, es lo que hace Brioso en estos ensayos. Especular sobre un universo que, mientras más crece, menos espacio deja al humano. Esa es la tarea que creo le toca a los pensadores de este siglo en que vivimos y que este libro asume de forma magistral.

Dennys Matos Leyva

AGRACECIMIENTOS

La escritura es una labor solitaria. La creación de un libro, no. Muchos son los amigos que han leído estos textos y me han ayudado a editarlos. Quiero mencionar en primer lugar a Sandra Rossi que ha hecho la lectura completa del manuscrito y lo ha maquetado. Modesto Milanés me ayudó a ordenar los ensayos y a darle coherencia a este volumen. Leyeron al menos uno de los ensayos de este libro y me ayudaron a pulirlos: Teresa Arsuaga, Ingrid Brioso (mi hermana), María Antonia Cabrera Arús, José Cerna Bazán, Teresa Delgado, Jesús Miguel Díaz Álvarez, Néstor Díaz de Villegas, Paul Firbas, Álvaro Galmés, Javier Gomá, José María Herrera, José Lasaga, Héctor Melo, Joaquín Álvaro Mendieta (Coque), Adrián Morales, José Muñoz Millanes, Celia Pérez Ventura, Enrique del Risco, Fernando Rivera, Pablo Ruíz, Jorge Salcedo y Enrico Mario Santí.

Mi vínculo con el mundo del arte tiene nombre y apellidos: Dennys Matos Leyva. Gracias a las invitaciones que me hizo a colaborar en sus proyectos curatoriales escribí los ensayos dedicados a la pintura que aparecen en este volumen.

Quiero agradecer a los pintores Gustavo Acosta, Néstor Arenas, Humberto Calzada, Mateo Maté, Guillermo Portieles, José Arturo Martín y Javier Sicilia, y al cineasta

Eliecer Jiménez Almeida, por haberme facilitado imágenes de su obra con las que ilustrar lo escrito. Geandy Pavón no solo me cedió imágenes para el artículo dedicado a su obra, sino que diseñó la que ilustra este libro.

A mis hermanos Cachi, Omar, Ingrid, Isabel y Roberto, por el cariño y la complicidad. A Yansi Pérez, "la Chiz", la compañía y el amor incondicional en los últimos veintitrés años.

PREFACIO

Pensar en tiempo de imagen

"¿Y qué es el pensamiento sino la capacidad de restituirle posibilidad a la realidad, de desmentir la falsa pretensión de la opinión de basarse solamente en los hechos? Pensar significa sobre todo percibir la exigencia que tiene lo real de volverse posible, hacerle justicia no solo a las cosas, sino también a sus lágrimas".

Giorgio Agamben, *¿Qué es la filosofía?*

I- Introducción

"ahora vemos en un espejo, en enigmas".

PABLO DE TARSO, *Corintios*

La figura tutelar de este libro, como indica su título, es Narciso. No el que se ve a sí mismo en todo lo que mira y que convirtió en tendencia un freudismo pop, sino aquel que rememora Ovidio, el que descubre en una fuente lo que sus ojos le ocultan: el propio rostro y lo que se yergue en el dorso de su mirada.

Quien escribe este libro, como Narciso, especula. Piensa a través de reflejos, sombras e imágenes. Intenta por este medio asomarse a lo que ninguna reflexión puede dilucidar: la espalda del mundo, el antecedente que sostiene a toda mirada. La obra de arte vive en un *interregno* temporal, entre el ya y el aún no —a esta carencia de aquí y ahora le llamaba Levinas entretiempo—, entre lo que eternamente acaba de pasar y lo que siempre está por acontecer. La imagen abre las puertas del pensamiento a aquello que no comparece ante ninguna conciencia, lo que no es fenómeno. Lo que se sitúa antes y fuera del mundo, o después y más allá de él, solo puede ser pensado en tiempo de imagen.

II- Narciso. Alegoría moral sobre la muerte y la especulación

"*spem sine corpore amat, corpus putat esse, quod umbra est*" (417).
("esperanza sin cuerpo ama, piensa que es cuerpo lo que sombra es").

OVIDIO. *Metamorfosis III*

"Según el sabio, el error de Narciso no era perseguir una sombra, sino querer aprehenderse y comprenderse como una imagen, como una imitación perfecta de su idea, como su icono".

MASSIMO CACCIARI. "Narciso, o de la pintura". *El dios que baila*

En la versión del mito que cuenta Ovidio, lo primero que sabemos de Narciso, por boca de Tiresias, es una profecía: solo llegará a viejo si no alcanza a conocerse. La fórmula que utiliza Tiresias en el texto latino —*si se non noverit*— es una variante del *nosce te ipsum* (conócete a ti mismo), la célebre inscripción délfica que Sócrates colocó en el centro del ejercicio filosófico. La variable del conócete a ti mismo que se activa a través de la figura de Narciso solo se puede alcanzar, como se verá muy pronto, *por espejo y en enigma*.

El mito de Narciso ata en una sola historia la muerte y la especulación.

Pero si se quiere ser exacto, y esto lo ignoran casi todos los exégetas de este mito, hay que aclarar que la historia de Narciso es parte de la historia de Tiresias.

Tiresias, antes de ser profeta, era un experto en el deseo, pues primero había sido hombre, luego mujer, y más tarde había recobrado su condición masculina. A él acudió Zeus cuando trataba de dirimir una disputa con Hera sobre quién tenía mayor placer erótico las mujeres o los hombres. Tiresias contestó que las mujeres y Hera, irritada por eso, le quitó el sentido de la visión. Zeus, en compensación, le regaló el don de la profecía. La dádiva que le fue otorgada a Tiresias constituye un más allá del principio que rige el placer; y aquí, como en Freud, el más allá remite a un momento primario, primitivo, radicalmente arcaico. Queda planteada la paradoja: el futuro solo se le abre a lo más primitivo, a lo incontestablemente primordial y arcaico; lo ancestral no tiene lengua propia, solo habla a través del lenguaje de la profecía.

Puede predecir lo que pasará, leer en lo que no ha sido escrito, según esta historia, quien es incapaz de dar cuenta de lo que tiene delante de sus ojos y, a la vez, conoce todas las formas del deseo.

La historia de Narciso se cuenta para demostrarnos, primero, cómo se cumple el enigma de una profecía que, a primera vista, parecería banal. Si el tipo de conocimiento al que se refiere Tiresias es un conocimiento profundo, un conocimiento auténtico, Narciso llegará a la vejez sin mucho percance ya que nadie alcanza ese tipo de saber. Si se habla del conocimiento más o menos superficial que tenemos todos los humanos sobre nosotros mismos, entonces Narciso morirá muy joven, apenas empiece a tener alguna idea de quién es. En ambos casos, la profecía parece inútil.

Pero, ¿qué se intenta revelar entonces?

El mito de Narciso cuenta la historia de dos formas de veto al conocimiento.

La historia de Eco, que los dioses condenan a no poder expresar nunca lo que piensa, porque solo puede repetir lo que otros dicen. La historia de un personaje cuya voz es solo exterior, reflejo de lo que escucha en otros pero nunca de su propio mundo. La pérdida de la voz propia —causa de su muerte— arrastra al cuerpo. Eco pierde dos de los anclajes esenciales que tiene la vida humana: el cuerpo y la voz interior, emblemas de la conciencia.

Si el cuerpo de Eco se deshace en múltiples voces, la imagen que descubre Narciso en la fuente no puede ser incorporada en ninguno. Narciso que prefería morir antes que dejarse atrapar y satisfacer el goce ajeno, muere porque es incapaz de asir a lo único que ama: lo que es más suyo pero solo los otros han podido ver, su propio rostro.

El veto al conocimiento ocurre en cada uno de estos personajes de modo diferente y en una irónica relación con el espejo. Quien es solo espejo acústico, nunca podrá reconocerse en su propia voz; quien puede poseer todo lo que ve, porque todos lo aman, porque es deseado por todos, sean hombres o mujeres, no puede descubrirse, ni poseer la imagen propia, lo que termina costándole la vida, como había profetizado Tiresias. No se puede gozar de lo que solo a uno le pertenece.

Eco, de tanto ser espejo y reflejo del mundo, no puede reflexionar, encontrarle una resonancia interna a su voz. Narciso, de tanto mirarse, no puede conocer la imagen que lo refleja: de tanto reflexionar nunca descubre su espejo. Quien logra ser idéntica a los otros, ser un puro reflejo del mundo, no tiene nada propio, interior; quien solo mira hacia dentro, no puede reconocerse en aquello que solo ha visto en los otros, un rostro. Reflejar el mundo y reflexionar sobre él —el inglés intenta reconciliar estas dos tareas incompatibles al usar el mismo verbo para ellas: *reflect*— son tareas que si se intentan al unísono pueden acarrear la muerte.

III- Más allá del principio

"La muerte es el lado de la vida que no da hacia nosotros, el lado que no está iluminado".

RAINER MARIA RILKE,
"Carta a Witold Hulewicz"

"no podemos 'sorprender' al objeto 'por detrás', de modo de saber que sería en el mismo: lo que significa que no podemos conocer nada que esté más allá de nuestra relación con el mundo".

QUENTIN MEILLASSOUX.
Después de la finitud

"La muerte es el revés oscuro que necesita el espejo para que podamos ver algo en él".

SAMUEL BUTLER (Citado por Martin Amis en *Inside Story)*

"No hay excepción al principio, pero hay un residuo irreductible al principio. No hay nada contrario al principio, pero hay algo exterior, y heterogéneo al principio: un más allá...".

DELEUZE. *Lo frío y lo cruel. Presentación de Sacher-Masoch*

Lo que interesa aquí es el antes y el después del síntoma, Narciso y no el narcisismo. El narcisismo, el síntoma que se construye a partir de la figura de

Narciso, borra muchas de las mejores posibilidades de pensamiento que se esbozan en el mito. Por ejemplo, la irreconciliable tensión que hay entre el reflejo, la reflexión y la mirada. El reflejo es posible porque se produce una opacidad respecto a la transparencia. La transparencia le otorga un carácter transitivo a la mirada. La mirada atraviesa su obstáculo y ve lo que tiene delante de sí. El reflejo deja ver el trasfondo —*background* sería la palabra que mejor describe lo que quiero decir, porque no se trata solo del trasfondo sino también del antecedente de la mirada— y el rostro de la mirada, aquello que no vemos cuando vemos.

El reflejo, sea en el espejo o en una superficie líquida, obstaculiza la transparencia. No se puede ver a través suyo, pero sí puede observarse en él lo invisible en el mirar: verse a uno mismo mirando y captar el revés de la mirada, su dorso. Quien ve un reflejo se enfrenta con un estorbo a la transparencia que le permitía mirar el mundo, pero gracias a ese impedimento descubre a quien mira en su mirada y al universo que lo sostenía, lo que se situaba detrás de todo lo que se podía ver.

Narciso no puede convertir en sí mismo lo que ve en la fuente, su reflejo. En esa tensión entre no reconocerse en su reflejo y no poder asir su propia imagen está la clave de su mortalidad.

En el reflejo solo se puede ver aquello que nunca se tiene delante de los ojos: la cara desde la que se mira al mundo. El reflejo convierte en imagen lo que ningún punto de vista, perspectiva, puede incluir: la espalda de las cosas. Todo lo que está detrás, tanto desde un ángulo espacial como temporal, en la relación sujeto-mundo. Lo que ve Narciso en la fuente, según el texto de Ovidio es una *umbra* (una sombra, un simulacro). En la superficie líquida comparece como imagen aquello que no puede presentarse porque siempre ocurre fuera de la perspectiva desde la que esa instancia radical ante la que aparecen los fenómenos —la conciencia, el *cogito*, el sujeto, el *Dasein*— se sitúa en el mundo y se hace uno con él. Comparece como reflejo aquello que nunca puede aparecer como fenómeno ante una conciencia: el punto ciego que sostiene toda perspectiva.

Quien reflexiona, quien mira al que mira y a su reflejo, no solo suspende la transparencia, lo que se tiene delante, sino que también pone en vilo el obstáculo que hacía posible el reflejo, que dejaba ver lo que se tiene detrás, lo abierto que sostiene su perspectiva. Mira dentro de su mirada. El que reflexiona se coloca en ese punto que divide al reflejo de la mirada, a lo que se tiene delante de lo que se tiene detrás, al horizonte de la espalda del mundo.

Pero esa atalaya desde la que se observa tanto el horizonte de la mirada como la espalda del mundo, la autorreflexión, es solo una utopía del pensamiento. El obispo de Hipona, en su tratado *De Trinitrate*, afirma: "Llama [el apóstol Pablo] especulantes a los que ven en un espejo y no a los que otean el panorama desde una atalaya". El mito de Narciso incita a que se narre la historia del pensamiento a través de los especulantes.

Cuando se intenta contar la historia del pensamiento a través de la reflexión se propone definir un principio (un *arjé*) que postula el origen de la división entre el panorama que abarca la mirada y esa zona de lo real que queda a sus espaldas. El que reflexiona solo mira su mirar y se supone que esto le permite aprehender el punto imaginario donde la perspectiva propia y el resto del Cosmos se juntan. Esto permite proponer una relación inmediata con ese punto sin antes ni después, sin delante ni detrás: la presencia absoluta. Esta presencia absoluta es la que se erige como principio a partir del cual se constituye la legitimidad y legibilidad de todo lo existente.

Otra es la historia que cuenta el mito de Narciso.

Al descubrirse a sí mismo como imagen, Narciso ve tanto el órgano que hace posible el mirar, los ojos, como el rostro que los sostiene, aquello que solo los otros pueden observar pero gracias a lo cual somos identificados. La mirada no puede incluir, tematizar, convertir en presencia, en fenómeno, lo que la posibilita. Solo el reflejo hace visible la potencia que sostiene al mirar. Pero no solo eso, en el reflejo se descubre también la imposibilidad que ningún origen puede incluir, comprender, dominar: la espalda del mundo. Las fuerzas que se abren cuando se vislumbra lo que ninguna conciencia puede tematizar como parte de la relación sujeto-mundo que la constituye; el antes, el más allá del principio. Allí se atisba lo que podría ser el universo cuando ya no se esté en él o antes de entrar al mismo.

Ir más allá del síntoma conlleva toparse con esa fuerza regresiva que nos lanza a lo primitivo, a lo que está más allá del origen. Es eso lo que definió Freud como pulsión de muerte en un libro que se escribía mientras Austria se había inundado con los cadáveres de la primera gran guerra europea y su hija Sofía moría de lo que en aquella época se conoció como la gripe española. Todo *arjé*, aclara Freud en *Más allá del principio del placer*, incluido el homónimo principio que reúne a todos los síntomas, funda un origen, inaugura un dominio y define un horizonte, el mundo. La pulsión de muerte nos hala hacia lo que estaba antes de ese principio. La pulsión de muerte —que solo comparece, al igual que la imagen, como repetición, sin un original que la certifique— es la inercia que nos devuelve a lo previo a todo *arjé*. A través de la pulsión de muerte se expresa el impulso de regresar a lo inanimado, lo inorgánico, que late en todo lo vivo. Las pulsiones, como dice Freud en el texto ya citado, son rodeos, desvíos para llegar a la muerte ("diese Umwege zum Tode"). Esto distingue la dimensión orgánica de la muerte, de la experiencia de la mortalidad —la conciencia de la muerte propia y de la ajena—, que define la dimensión ontológica o metafísica de los humanos como seres finitos.

A la especulación, entonces, se accede a través de uno de los tantos escenarios claustrofóbicos que la filosofía utiliza para definir el pensamiento. Resulta difícil imaginar un encierro más perfecto que el que se propone a través del mito de Narciso, quien muere absorbido por su propio rostro, quien solo tiene ojos para sí mismo. Sin embargo, a diferencia de quien reflexiona, el especulante se descubre en algo de lo que nunca puede apropiarse, la imagen evanescente de su cara, y al descubrirse allí vislumbra lo que nada ni nadie puede cerrar: la absoluta contingencia de lo abierto, aquello que ningún mundo, con su conciencia correspondiente, puede incluir.

IV. Conclusión

> "La desaparición del ser humano de la imagen que él se hace teóricamente del mundo a medida que esa imagen se completa o simplemente se amplía tiene algo del gran proceso mítico que Freud describió o relató bajo el rótulo de pulsión de muerte".
>
> HANS BLUMENBERG. *Descripción del ser humano*

Cada uno de los ensayos aquí reunidos construye su propio escenario para el pensamiento. Se baila a través de ellos con la melodía de una idea. Cuando se interroga a los textos que comparecen en este libro —sean artísticos, filosóficos o literarios— se apuesta por la capacidad de revelación que tienen los mismos. La suspicacia —la actitud interpretativa que domina a una época demasiado convencida de sí misma y de los delitos y fallas de la tradición— está ausente de estas páginas. Lo que conocemos de nuestro propio rostro y lo que se esconde detrás de él es materia de opinión —lo único que sabemos es lo que nos dicen los otros— o de imagen. Un saber hecho solo de *doxas* es pura sofística y retórica, pero el que se hace a partir de imágenes asume el carácter de la especulación. En este texto se aspira a pensar por y a través de las imágenes.

El monopolio de la presencia, el presente, lo actual inherente a la autorreflexión como figura rectora del pensamiento, cede su espacio en este libro a la especulación donde el simulacro abre las puertas de la percepción a lo que se sitúa antes o más allá de la relación sujeto-objeto, que trazó el perímetro de lo real en la episteme moderna. La negación de la presencia como *locus* privilegiado del pensamiento —contrario a lo que pensaba la deconstrucción— es la condición necesaria para que se anuncie la potencia de lo absoluto. A través de la imagen —cuya presencia siempre es vicaria porque alude a lo ausente— lo absoluto se expresa. No hay nada necesariamente emancipador en la irrupción de lo absoluto, lo que no se dejó ligar y domeñar por el *arjé*, por el principio, contiene tanto fuerzas liberadoras como destructivas. De esta apuesta hermenéutico-interpretativa se derivan las tres líneas temáticas que se despliegan en este libro: 1- Diferentes modos de situarse ante el origen y de avizorar lo ilimitado. 2- La relación que existe entre lo inteligible, la forma, el arquetipo de toda presencia, y lo que vive o merodea en la intemperie del sentido, 3- La hospitalidad y la piedad como las modalidades ético-afectivas que sirven para mediar entre el anhelo de arraigo inherente a lo humano y su carencia de hábitat natural o residencia nativa.

Dos son los retos que asume este libro. Uno: hay que tratar de pensar, de ser, en un universo que no está hecho a nuestra medida. Tal y como aclara la cita de Blumenberg que coloco como lema de esta sección, el conocimiento del universo crece, pero el humano no se reconoce en el mismo; no se siente reflejado en el mundo que su conocimiento ha construido. Hay pulsión de muerte porque el universo que el propio saber humano ha construido no sabe que estamos aquí, que somos parte de él. La pulsión de muerte es el verdadero giro copernicano. Dos: hay que aprender a habitar, a estar, en un espacio donde la autoctonía, que sostenía el origen, se ha desvanecido. Esto no supone una adhesión al cosmopolitismo o al nomadismo, como ocurre en el pensamiento contemporáneo. De lo que se trata es de reinventar el arraigo, volver a dotar de sentido al *genius loci*, a partir de la conciencia de que se carece de un espacio propio, de un suelo natal.

ENSAYOS

La forma y lo informe I

A Higinio Marín

"...todo aquello que había paralizado necesariamente la concepción idealista de los griegos, fealdad agresiva, éxtasis ligados a la visión de la sangre o al horror, aullidos desmesurados, es decir, lo que no tiene ningún sentido, ninguna utilidad, no ocasiona esperanza ni estabilidad, no confiere ninguna autoridad".

George Bataille, "El caballo clásico"

"Forma, el latín *forma*, corresponde al griego *morphé*. Es el límite y la delimitación que contiene, lo que lleva a un ente a lo que es, de manera tal que se yergue en sí mismo: la figura. Lo que así se yergue es aquello como lo que el ente se muestra, su aspecto, eidos, aquello por lo cual y en lo cual sale al exterior, se expone, se hace público, comparece y accede al puro aparecer".

Martin Heidegger. *Nietzsche*

No fueron pocas, ni despreciables, las voces de la literatura moderna que creyeron descubrir su marca de identidad en el momento en que lo real se separa de la forma. A esta escisión, que fue imaginada desde dos escenarios antitéticos entre sí, se le dotó de un carácter prescriptivo. Uno, la perfección estética y la excelencia moral solo volverían a coincidir en una obra, si esta renuncia a sus referentes. Dos, solo fuera de la cárcel del lenguaje, allá donde habita lo amorfo, puede la obra descubrir su potencial emancipador.

Las dos maneras de concebir la relación entre la forma y lo informe anteriormente descritas no dan cuenta de un hecho primordial: la forma nace para acoger a su contrario, lo que carece de norma, proporción y medida. La forma le ofrece un arraigo a aquello que siempre permanecerá extraño. La innovación formal —la invención de géneros, subgéneros, tipos de composición literarias— propone una codificación, más o menos estricta, para darle sentido a lo que, previo a este ordenamiento, era considerado solo como una anomalía, un garabato: la intemperie de lo inteligible.

Cuenta Werner Jaeger en la *Paideia* que la distinción entre forma y contenido surge con Platón y los retóricos alejandrinos, cuando consideran a Homero como un hito formal insuperable pero cuyos mitos, sobre todo los vinculados a la representación de los dioses y del Hades, son moralmente objetables. De forma similar reacciona la cultura cristiana ante sus modelos clásicos.

Esta distinción supone una escisión en el ideal, en ese lugar donde habita lo perfecto. Lo bello y lo bueno, la excelencia formal y las normas que rigen el comportamiento no tienen por qué coincidir. Este gesto fundacional sienta las bases para lo que muchos siglos más tarde propiciará la independencia de lo estético respecto a cualquier otro juicio de valor y que se puede resumir en el siguiente principio: la moral de una obra solo existe en su forma.

Son tres las posturas que asumirá la obra de arte moderna ante este dilema: el ritmo le roba el lugar a la acción con paradigma de sentido; se vacía de contenido la forma; el lenguaje se convierte en fundamento, y razón de todo lo que hay.

"Ya ni los versos ni las liras —le escribe Rimbaud a su amigo Paul Demeny— se dedican a ponerle ritmo a la acción —el modelo clásico-aristotélico se basa en la imitación, por las formas, de las acciones paradigmáticas—, sino que irán por delante de ella". "Lo que me parece hermoso —afirmaba por su parte Flaubert en la carta que le escribía a Louise Colet, el 16 de enero de 1852—, lo que querría hacer, es un libro sobre nada, un libro sin ataduras exteriores, que se aguantase a sí mismo con la fuerza interna de su estilo, como la tierra, sin que la sostengan, se sostiene en el aire; un libro que casi no tendría argumento, o al menos donde el argumento fuera casi invisible". Un libro que pudiera, al fin, concebirse como un objeto autónomo, autosuficiente, regido solo por las leyes que hubiera decidido imponerse. El estilo sería su física y su cultura, su religión y sus leyes.

Será Mallarmé quien lleve a su límite esta postura estética. Al desplazarse la moral a la forma, le dirá a su público en una conferencia que dictará en Oxford, el 1ro. de marzo de 1894: "el mundo dejó de escribirse en prosa". Las Bellas Letras —que le prescribían la prosa al mundo al asignar los roles discursivos en la esfera pública, imponer el ideal de la más pulida forma de expresión respecto a todas las nociones y en todos los dominios, e intentar reducir la forma a la idea— han perdido su predicamento sobre el lenguaje. La muerte del gran poeta Víctor Hugo, como explica en otro ensayo, *Crisis du Vers*, impide la posibilidad contraria: que a través de la subjetividad del vate y de las pautas rítmicas y prosódicas del verso se le imponga un nuevo orden al mundo. Queda solo la Literatura, escrita así con mayúsculas, que debe su existencia a que todo lo demás que sustentaba lo real se ha desvanecido. Quien posea ahora el lenguaje tiene la capacidad de volver a inventarlo a todo, a partir de sus veinticuatro letras: "el principio de la felicidad, una doctrina [...] y un territorio".

Fue de la mano de George Bataille —en la revista *Documents I*, 1929, a la que definía como una máquina de guerra contra las ideas recibidas— que lo informe se convirtió en uno de los pilares de la estética moderna: se imagina a la forma como cárcel y todo lo que afirma lo vivo merodeando en la intemperie. Muchos artistas modernos desplegaron sus potencias extramuros, fuera de lo reglado, medido, acotado por la forma. Ya fuera a través de los sueños, la locura, el delirio, el desarreglo de los sentidos, o los paraísos artificiales de la droga. Por el encuentro con el azar, lo fugaz y lo contingente. Por la visibilidad que otorga un tipo de enormidad que se convierte en norma al salirse de todas las medidas concebibles, lo sublime; o por la minucia, lo infracotidiano, que vive debajo o en los intersticios de lo que consideramos visible. Por la comparecencia del silencio, el ruido o la disonancia.

Ya sea por convocar la corporalidad humana con todos sus flujos y recovecos amorfos, o por no cerrarse a la finitud y al quiebre definitivo que viene con la muerte. La obra de arte moderna no se deja pensar si no se trata de entender su relación con lo informe, con aquello que se resiste a ser configurado o que ha sido descartado para posibilitar el ordenamiento de lo real. Incluso, si le creemos a un Goethe que cita Lezama en su ensayo "Coronación de lo informe", para el artista moderno "lo más elevado, lo más excelente del hombre es informe y hay que guardarse de configurarlo de otro modo que en noble hazaña".

Este tipo de transgresión conlleva, por añadidura, una inversión del marco valorativo sobre el cual se sostenía el sistema clásico de representación. Según este nuevo paradigma, la forma deja de ser concebida como la entidad que al construirle límites y un orden le otorga legibilidad, ser, a todo lo que hay y solo empieza a ser considerado relevante el carácter arbitrario, coercitivo de toda delimitación, definición. Por el contrario, a lo que vive fuera, o debajo del régimen de visibilidad que funda todo límite, se le otorga un poder redentor y emancipador.

Así presentan esta idea dos de sus mejores exponentes:

> Toda disonancia es, de algún modo, una parte del recuerdo del sufrimiento al que la dominación... expone a la naturaleza, y solo en la forma de este sufrimiento, solo en la forma del anhelo —y disonancia es siempre, esencial, anhelo y sufrimiento—, solo en esta forma, encuentra al fin su

voz la naturaleza [...] (Theodor Adorno, *Estética*, 1958-9).

Escribir indudablemente no es imponer una forma (de expresión) a una materia vivida. La literatura se decanta más bien hacia lo informe, o lo inacabado [...] (Deleuze. *Crítica y clínica*).

Es en la apertura de la obra moderna hacia lo desahuciado, lo negado, lo silenciado donde se intentan redescubrir las fuerzas liberadoras. La utopía late ahora en lo negativo, que nunca se permite comparecer de modo directo, o en el simulacro, "la más alta potencia de lo falso", concepto de Nietzsche que Deleuze viste con el espíritu del 68.

Pero la historia puede ser contada de otro modo. Hay que desandar el camino. Regresar al principio de la literatura en Occidente.

El primer poema épico, *La Ilíada*, se creó para cantar excesos —usando metros y figuras tradicionales: el hexámetro y el símil— como son la *ate*, la ceguera que ocasionan los dioses, la ira y el coraje. El mundo de *La Ilíada* es un mundo de pulsiones: el éxtasis que permite cantar al poeta, el rapto de la cólera (*menis*, *thymos*, *orge*) de los mejores, vinculado a otro arrebato, el que enceguece (*ate*) y suspende el juicio y el que inspira a la lucha (*menos*), al coraje. Se inventa la forma épica para acomodar esas fuerzas, esos excesos abruptos, que desbordan los límites de lo humano.

Las hazañas forman al héroe homérico pero esta configuración hecha de una confluencia de fuerzas, de pulsiones, a veces en tensión entre sí, no debe entenderse todavía como un paradigma, como una forma cerrada al menos desde el punto de vista conceptual. El *quien*, el héroe, todavía no es un concepto, un modelo de legibilidad perfecta. Aquiles es el mejor de los aqueos porque su fuerza, su ira, su coraje no tienen parangón. Son ese cúmulo de excesos lo que lo hacen ser el mejor. Su capacidad de ir más allá de todo límite le dan ese estatus. Esta noción de lo heroico surge siglos antes de que se intente encontrar la excelencia de lo humano en la medida, orden y proporción, que la perfección se conciba como canon y sea esculpida en bronce por Policleto y en mármol y oro por Fidias.

La Odisea, compuesta también con hexámetros donde se mezclaban el pie dactílico y el espondeo, cuenta la aventura, la *peregrinatio*, el desvarío de quien no puede regresar al hogar, de quien no puede reencontrarse con el espacio familiar. En este libro, el ahijado de Metis —la diosa de las artimañas, de lo polimorfo, la que puede mutarse en casi todo: "león, mosca, pez, ave, llama o agua que fluye"— se atreve a pisar, incluso, el no-lugar de lo ignoto. Pero durante ese errar, y en ese yerro, es cuando descubre la hospitalidad —si la piedad es la pasión por el origen, por lo autóctono, la hospitalidad propicia la convivencia en tierras extrañas. La hospitalidad, según Homero, es lo que distingue a los humanos de las bestias y los dioses, y permite crear un espacio de coexistencia con el otro, con el extraño, con el que no compartimos genealogía y, muchas veces, ni lengua, ni tradición, ni dioses.

La piedad y hospitalidad componen la trama de los dos textos épicos fundacionales. No se debe olvidar que los acontecimientos de *La Ilíada* tienen lugar debido a una violación de la ley de la hospitalidad, Paris mientras se aloja como huésped en casa de Menelao secuestra a Helena. Lo que permite la tregua entre troyanos y aqueos, en el fin de la obra, que posibilita que se entierren a los muertos y que se hagan los juegos en honor a Patroclo es también la hospitalidad que le ofrece Aquiles al viejo Príamo; una hospitalidad muy vinculada en este caso a la piedad, a la pasión por los ancestros, por el origen, porque Príamo le recuerda a su padre Peleo y porque este además implora por su hijo. Lo contrario a la guerra, en *La Ilíada*, no es la paz, sino las leyes de la hospitalidad y la piedad. La hospitalidad y la piedad también se combinan en la trama de *La Odisea*. Solo puede encontrar el regreso al origen, a lo propio, quien ha aprendido a convivir con lo extraño.

El contrapunto de las figuras de la hospitalidad y la piedad se constituye, entonces, en el tópico central para pensar la relación entre la forma y lo informe ya que, a través de este, se crea un espacio de convivencia entre los extraños, incluso entre enemigos como se ve en el caso de Aquiles y Príamo, sin que desaparezca el *agon* que los separa, muchas veces de modo irreconciliable. *La Odisea* propone el mismo contrapunto pero lo articula de forma diferente: solo aquel que pudo vivir entre bestias y dioses, más allá o más acá de las lindes que definen lo humano, puede recobrar su origen perdido, su humanidad plena.

Por otro lado, este contrapunto tiene la ventaja, además, de que permite pensar la relación con la alteridad, con el otro, sin borrar el sentido de la pertenencia: hay alguien que está en casa y el otro lo visita, se le abren las puertas a lo extraño sin borrar el arraigo inherente a lo autóctono.

La condición para que lo informe se abra paso, para que lo que no se ha dejado doblegar comparezca; no es la substracción, la borradura, de la forma. Lo que sucede es exactamente lo contrario; gracias a la acogida que le ofrece la forma a su otro, y el arraigo que esta mantiene, se puede escuchar aquello que vivía, con razones o sin ellas, en la intemperie del sentido.

El ruido y el adiós

A Ottavio di Camillo

"[S]er todas las cosas criadas a manera de contienda"

La Celestina

La *Celestina* es un libro sobre lo que se dice entre dientes, lo que solo se oye a medias. La pregunta que con más insistencia se hacen los personajes de esta tragicomedia es: ¿Qué estás murmurando? Los críticos de la *Celestina* no se cansan de repetir que una de las grandes virtudes de esa obra es el descubrimiento de la intimidad de los personajes. Esa verdad es cierta solo si se acepta que para el autor de ese libro, quien quiera que haya sido, el hallazgo de la interioridad se sostiene sobre la suspicacia ante el lenguaje, tanto el ajeno como el propio. No solo hay guerra entre todas las cosas y entre hombre y hombre, sino que la lucha llega a su mayor intensidad cuando tiene lugar entre las palabras que se enuncian para que todos las escuchen y las que se susurran —las que se musitan, y que solo hallan un eco distorsionado en el oído ajeno y refugio en las entrañas—. Si se habla de alguien, cualquiera lo puede escuchar menos el aludido, no importa lo cerca que este se encuentre. La controversia y ruptura que existe entre la palabra que vive en esa intimidad promiscua que poseen los personajes de esta obra y su lenguaje público supone una escisión entre intención y significado, entre mundo interior y esa forma de lenguaje que busca y exige respuesta, la palabra dialogada. Ese desgarro rarifica todos los enunciados que circulan en la novela, lo cual desmiente que la *Celestina* sea, como se afirma sin cesar, un libro sobre el diálogo. Los personajes de la *Celestina* más que conversar, conspiran: casi nunca lo que piensan se expresa en lo que dicen. Esa ruptura, esa guerra entre el sonido y el sentido supone también la más mordaz crítica que se pueda haber hecho a la poética del silencio que se teje alrededor de la lírica amorosa que nace con la poesía provenzal, se consagra en los poetas del nuevo estilo y adquiere el rango de clásico con *Il Canzionere* de Petrarca. En el mundo de la *Celestina* no hay espacio para el silencio. Lo otro de la palabra no es silencio —sea entendido este como plenitud que trasciende al lenguaje o como imposibilidad de decir—, sino el ruido que produce la coexistencia beligerante de la palabra que se dice de dientes para fuera y esa especie de banda sonora producida por voces ininteligibles, musitadas por muchos de los personajes y que siempre niegan en su discurso público. Más que grano en la voz, la musicalidad del cuerpo hecha lenguaje —según el decir de Roland Barthes—, en la *Celestina* resulta más apropiado hablar de piedras en la boca: muro que impide que el idioma que nace de las vísceras se ventile en el espacio público.

Anteriormente dije que en la *Celestina* la palabra dicha y la susurrada, el mundo de afuera y el de adentro viven en perpetua guerra; sin embargo, hay dos momentos en que lo externo y lo interno se reconcilian. Esa palabra que concuerda el decir público y el susurrar de las entrañas es siempre una palabra póstuma, palabra del adiós, palabra del duelo. Esa palabra, además, rompe todas las condiciones que se suponen necesarias para el diálogo. Este tipo de lenguaje aparece dos veces en la obra. La primera vez, Melibea se encarama en una torre muy alta y desde allí le grita su verdad, su secreto, a su padre. Pleberio no tiene acceso físico a ella, además Melibea insiste en que no la puede interrumpir, no puede replicar a su confesión-despedida. Esta palabra del adiós, esta palabra lamento, esta palabra luctuosa, amiga el mundo de adentro y el de afuera, el susurro y la declaración explícita pero con la condición de que la ficción del diálogo —el hecho de compartir palabra y espacio— sea destruida. La segunda comparecencia de esta forma de discurso ocurre cuando Pleberio grita, se desgarra en alaridos y gemidos por la muerte de su hija. Todas estas formas de expresión, que también constituyen un lenguaje dentro del lenguaje, un sublenguaje hecho del rumor que componen los lamentos, le llegan a Alisa, según ella misma confiesa, a sus entrañas. Esa amalgama de sentir y sentido que alcanza las entrañas luego se traduce en el *planctus* (planto) de Pleberio, epitafio a la hija; pero también palabra de desengaño ante el dios amor que todo lo trastoca, que mata a quien lo sigue, que convierte al amigo en enemigo y al amado y al amante en involuntarios verdugos, que todo lo rige sin orden ni concierto.

El desengaño y el duelo, parece decirnos la *Celestina*, son las dos únicas formas de lenguaje fiables, las únicas que no enmascaran su verdadero sentido.

La forma y lo informe II

¿Qué se descubriría si se hiciera una historia de la literatura a partir de textos en los que el escritor se topa con un problema que ya no encaja en el dispositivo retórico-expresivo que se solía privilegiar, y que era de la predilección de su época, y respecto al cual todavía no se ha encontrado el vehículo adecuado de expresión? ¿Qué sucede cuando las formas dudan respecto a un nuevo tipo de enigma que desborda su capacidad de organización de lo real? ¿Qué se aprende sobre la relación entre la forma y lo informe en esos momentos de *impasse*, de cesura?

El relato de un poeta convaleciente que deambula por la ciudad sin que todavía haya devenido en un *flâneur* y de un criminal que no ha cometido ningún crimen tienen una singular historia literaria. De hecho, estas dos figuras son la gran aporía, el camino sin salida, respecto al cual la literatura moderna crece como punto de fuga. Ese camino sin salida, esa gran aporía, lo constituye para la literatura moderna "The Man in the Crowd", que Poe publica en *Burton's Gentleman's Magazine*, en 1840.

Lo que se narra en este cuento no es el desciframiento de un secreto, eso lo hará el policial, sino la historia de por qué hay secretos que no pueden ser descubiertos. Este tipo de relato constituye un punto muerto entre el género gótico, que era el que había trabajado Poe hasta ese momento —donde se presentan misterios que viven fuera la religión y de la ciencia, ya que se vinculan a ramas del conocimiento categorizadas como paranormales— y el policial, que habla de un enigma que tiene un carácter político-legal y cuyo discernimiento es racional.

Pero es desde este *impasse*, en ese momento que las formas dudan, que se narra un misterio que carece de género literario. Es desde esa cesura entre una forma que empieza a caducar y otra que todavía no se ha vislumbrado donde irrumpe lo amorfo bajo la forma de un enigma ilegible.

¿Pero qué es lo que no se deja leer en esta historia?

Un misterio deforme y monstruoso, se aclara al principio del *relato The Man in the Crowd*, que se resiste a la interpretación y que no puede ser confesado. Este misterio reside en un corazón, se precisa al final de la narración, y en un libro: *Hortulus Animæ,* un pequeño manual de oraciones editado a finales del siglo XV, que mezclaba los más piadosos sermones con las imágenes más obscenas. Este nuevo misterio, cuya abyección carece de parangón, propone una escisión entre forma y fondo dentro de la propia palabra sagrada. El corazón pertenece al personaje que le da título al relato:

> —Este viejo —dije por fin— representa el arquetipo y el genio del profundo crimen. Se niega a estar solo. *Es el hombre de la multitud.* Sería vano seguirlo, pues nada más aprenderé sobre él y sus acciones. El peor corazón del mundo es un libro

> más repelente que el *Hortulus Animae*, y quizá sea una de las grandes mercedes de Dios el que *er lässt sich nicht lesen.* (Trad. Julio Cortázar)

The Man in the Crowd narra la prohibición que pesa sobre el decir y el revelar respecto a esta nueva modalidad de secreto. Esto hace, afirma de forma rotunda Poe, que la esencia del crimen permanezca sin divulgar. Las dos formas implementadas para descifrarlo, la confesión y la interpretación, la aceptación de la culpabilidad y la dilucidación del misterio, fracasan.

Con Poe llega a la literatura un tipo de misterio que —contradiciendo su etimología, *mýein* 'cerrar'— nunca puede cerrarse, esconderse, ocultarse. Un misterio que vive y muere en lo público, en la intemperie. El misterio de las masas, de la grey.

Un misterio que crece en una exterioridad caótica, que surge de la multitud. Lo caótico no puede ser condensado en un símbolo, ni decodificado en una alegoría. El único medio de comunicarse con el caos es el síntoma. Se le asigna un síntoma, la señal que da cuerpo a un desarreglo, a una entidad que carece de organismo, a la multitud. Nos encontramos, por tanto, con la paradoja de un desarreglo que señala a un cuerpo que no existe. La multitud, al menos en sus primeros avatares literarios, quedó vinculada a ese síntoma, el crimen. El síntoma sería una señal que apunta a un cuerpo inexistente, al propio espacio de lo amorfo.

El gran síntoma de esta historia es su protagonista cuyo corazón, al igual que el libro que junta lo obsceno y lo sagrado, se le definió como ilegible y a su crimen como insondable: "*deep crime*". Sin embargo, nada de lo que se cuenta sobre él, aparte de lo siniestro de su apariencia y de un cuchillo que el narrador cree vislumbrar en su ropa, indica que haya cometido algún delito. El síntoma que permitiría aproximarse a ese momento en que el caos funda un nuevo tipo de orden, aquel que coloca el crimen en su centro, queda suspendido, carece de un acto que lo concrete. El crimen es un misterio sin esencia —nunca se sabrá qué es—, respecto a él solo son relevantes las circunstancias: cómo, cuándo, quién, dónde, etc.

Se podría pensar, además, la paradoja que propone "The Man in the Crowd" de otra manera. Se presenta un crimen que para realizarse no necesita violar la ley. Sus dos predicados, ser un secreto que no se deja leer y concebir una existencia humana a la que le es imposible la soledad, no son ilegales, pero eso más que disminuir su peligro, lo acentúa.

Los dos atributos que definen este crimen están estrechamente relacionados entre sí. Alguien que no puede nunca estar solo no tiene mundo propio, privado. Una existencia cuya única dimensión es su exterioridad, carece de mundo íntimo. Respecto a alguien que vive solo en su apariencia, que carece de una realidad latente, que todo le resulta ajeno, que no puede reclamar nada como propio, toda certeza es nula, toda atribución espuria.

Alguien sobre el que solo es posible afirmar la duda, al que nada se le puede imputar, resulta indescifrable para la ley. Esto desestabiliza el aparato normativo que se coloca en origen del policial ya que existe un crimen para el que no se puede imaginar un castigo pues ante él la delimitación entre lo legítimo y lo prohibido se vuelve irrelevante.

Se podría decir que Poe inventa el género policial para tratar de encauzar la indomable anomalía que inaugura su héroe absolutamente gregario.

El crimen sería una de las grandes figuras de cohesión que usa la literatura moderna para imaginar el sentido, el orden. En torno suyo, los fragmentos que se desperdigan por la ciudad confluyen; los vestigios, las huellas convergen.

Un criminal sin crimen es aquella figura que lleva todas las huellas consigo, pero no las fuerza a que concurran en un acto. El protagonista de "The Man in the Crowd", de Poe, acompaña a lo múltiple pero no lo ordena. Un ente —sería exagerado llamarlo persona, inapropiado entenderlo como personaje— sin tiempo para el reposo, que salta de flujo en flujo. Se adapta a las diferentes temporalidades, ritmos, velocidades que la multitud le impone, pero nunca intenta organizarlas a partir de su propio recorrido. Camina al son que le pongan. No tiene tiempo propio, ni incluso para las urgencias del cuerpo, carece de un ritmo exclusivo.

El hombre de la multitud es alguien que sigue, acompaña, a los diferentes flujos que atraviesan las ciudades. El organizado y jerárquico de los empleados públicos, el aventurero y sinuoso de los carteristas, el vertiginoso y ondulante de las prostitutas, de los jugadores, el secreto, prohibido y anárquico de todos los que viven en los márgenes de la ciudad.

Pero a diferencia de todos estos personajes, él nunca abandona la muchedumbre. No puede estar solo, como dice Poe por boca de *La Bruyère*, vive allí donde solo se puede transitar. Se mueve incesantemente en esa amalgama de cuerpos donde nadie puede habitar, quedarse.

¿Se puede hacer política de un espacio en el que nadie se puede quedar, en el que no se puede habitar? ¿Puede haber política de la multitud?

El héroe del caos, del fluir continuo no puede generar tradición propia pero las diferentes reacciones que se inventan ante él producen la literatura moderna. "The Man in the Crowd" constituye un *impasse*, un punto ciego. Habla del fracaso de un género, el gótico, y la imposibilidad de llegar a otro, el policial, pero a la vez como respuesta a su figura, como contraparte a la misma, como sus puntos de fuga se generan tres de las formas arquetípicas con las que la literatura moderna intenta compaginar anomalías, la única forma de orden que le resulta concebible: el crimen, el deambular callejero, el deseo proscrito.

El narrador de "The Man in the Crowd" ha atravesado la muerte y ha regresado a la vida con una exuberante vitalidad, con los sentidos electrizados. Su estado de ánimo es de una alegría desbordante, su apetencia y curiosidad ilimitadas. Lo contrario, del *ennui*, dirá Poe, del melancólico, el prototipo anterior del artista, tanto para el Barroco como para el Romanticismo. Este estado anímico es el que provoca, como afirma Poe, que se desvanezcan los vapores que ensombrecen la visión, los que impedían que se pueda distinguir entre lo humano y sobrenatural. Zona de "indecibilidad", velo, que sostenía al gótico como género.

El artista-convaleciente será el que se lanzará a deambular por toda la ciudad siguiendo a un hombre sin rumbo, al hombre de la multitud. El vagar por la ciudad carece de dirección, pero la historia sí tiene fin. El narrador al final de la misma abandona la persecución: "Y cuando llegaron las sombras de la segunda noche, y yo me sentía cansado a morir, enfrenté al errabundo y me detuve, mirándolo fijamente en la cara. Sin reparar en mí, reanudó su solemne paseo, mientras yo, cesando de perseguirlo, me quedaba sumido en su contemplación".

El artista convaleciente de esta historia todavía no es un *flâneur*, aquel que sabe poblar su soledad, quien sabe estar solo en medio de una atareada muchedumbre, como bien dijo Baudelaire, el real creador de esta figura. No es aún un detective, como lo será Dupin en el primer cuento de este género, "The Murder of the Rue Morgue" (1841), y cuya pregunta "¿qué hay en lo ocurrido que no se parezca a nada ocurrido anteriormente?", constituye la mayor apuesta en la modernidad para crearle un orden riguroso a la realidad a partir de sus incongruencias, sus desvaríos.

Pero su no ser aún nos deja en el umbral de varios de los principales recorridos que configurarán la literatura moderna.

Descort

A Celia Pérez Ventura

"Por eso se dice en francés [también en inglés] que la musa 'amuse' (divierte) al dolor.

De ahí viene la voz "consolatio"

Pascal Quignard. *El odio a la música*

Leo Spitzer, en su libro *Ideas clásica y cristiana de la armonía del mundo* habla de lo discordante como una forma que usaban los poetas provenzales para cantar cuando su corazón estaba desafinado, fuera de tono y timbre, por alguna pasión: "El corazón y el oído vuelven a ponerse al unísono cuando un trovador provenzal acuña la palabra '*descort*' como el nombre de un género lírico en el que diferentes lenguas, esquemas métricos, etc., se mezclan: puesto que este corazón está 'desafinado' *(verstimmt)*, también debe de estarlo su laúd".

Que el amor hace chirriar el son y la rima parece ser lugar establecido en los grandes poetas del XVII.

Polonio cita la carta que Hamlet le envía a Ophelia:

"O dear Ophelia, I am ill at these numbers;
I have not art to reckon my groans: but that
I love thee best, O most best, believe it. Adieu".

["Oh, querida Ofelia, soy torpe con estos metros, / no domino el arte con que dar cuenta de mis gemidos; pero que / te quiero mucho, ay, muchísimo, créelo. Adiós"].

(Trad. Tomás Segovia)

Cervantes, por su parte, imaginará una canción donde sean los lamentos, los ruidos del alma doliente, los que pauten el ritmo y la melodía.

CANCIÓN DE GRISÓSTOMO
(*Quijote*, I, capítulo XIV)

Ya que quieres, cruel, que se publique,
de lengua en lengua y de una en otra gente,
del áspero rigor tuyo la fuerza,
haré que el mismo infierno comunique
al triste pecho mío un son doliente,
con que el uso común de mi voz tuerza.
Y al par de mi deseo, que se esfuerza
a decir mi dolor y tus hazañas,
de la espantable voz irá el acento,
y en él mezcladas, por mayor tormento,
pedazos de las míseras entrañas.
Escucha, pues, y presta atento oído,
no al concertado son, sino al rüido

El siglo XX recupera con suspicacia el tópico e intenta rasgar el velo de silencio que porta la tradición.

Dolor que puede cantar
no es dolor envenenado.

La sangre de mi costado,
sal tiene y yodo de mar.
Su paciente rezumar,
el corazón ha salvado.
No es dolor envenenado,
dolor que puede cantar.

(Mirta Aguirre. "Cantares del mal de amor")

No importa cuán discordantes sean las melodías, hay dolores que nunca se alzarán en canción, que se emponzoñan y se pudren en el alma. No son suficiente todos los chirridos del mundo para albergar ciertas penas.

Una pena que necesita una música discordante, desafinada, para poderse expresar, de eso también habla la primera bossa nova compuesta por Antonio Carlos Jobim y Newton Mendonça pero lo hace en tono irónico. Lo que desafina ahora es el oído ingrato de la amada que no reconoce la naturalidad que hay en el nuevo ritmo desde el que Eros canta.

Se você disser que eu desafino amor
Saiba que isso em mim provoca imensa dor
Só privilegiados têm ouvido igual ao seu
Eu possuo apenas o que Deus me deu
Se você insiste em classificar
Meu comportamento de anti-musical
Eu mesmo mentindo devo argumentar
Que isto é bossa-nova, isto é muito natural
O que você não sabe nem sequer pressente
É que os desafinados também têm um coração.

Como Kant y como un asno

A Pablo Ruíz

En el primer título donde comparece el vocablo '*poética*', al arte solo se le concede una función terapéutica. "...Aristóteles prescribe el arte —afirma Alain Badiou en su *Manual de inestética*— para algo distinto del conocimiento y esta forma lo libera de la sospecha platónica. Esa otra cosa, que denomina a veces catarsis, involucra a la declaración de las pasiones en una transferencia sobre lo aparente. El arte tiene una función terapéutica y no cognitiva o reveladora. El arte no depende de lo teórico, sino de lo ético. De esto resulta que la norma del arte consiste en su utilidad en el tratamiento de las afecciones del alma". La *Poética* aristotélica reduce la poesía a la ética, a una purga de las pasiones. A la poesía se le reconoce solo su rendimiento político. Queda relegado el lado incivil, impolítico que tiene todo poema moderno.

Las epístolas —al menos las de ese subgénero poético donde un poeta consagrado le escribe a un poeta joven— tratan de definir lo que solo el poema puede pensar o sentir. Por ejemplo, Horacio, en su *Epístola a los Pisones*, conocida también como *Arte poética*, asocia la tesitura afectiva de un poeta, la ira de Arquíloco, a la invención de un metro, el yámbico. "*Archilocum propio rabies armuit iambo*". Las cualidades de este metro sirven tanto para la invectiva como para el diálogo y ayudan a callar la algarabía del público en el teatro. En la que me ocuparé ahora, "Epístola a la señora Lugones", Rubén Darío sitúa su poema dentro de este género, aunque lo desplaza ya que su carta no va dirigida al poeta joven sino a su esposa. El texto contiene una fecha: 1906 —en realidad fue publicado en 1907 en *El Imparcial* de Madrid—, y cuatro lugares o espacios que trazan la cartografía imaginaria de su producción (Amberes, Buenos Aires, París y Palma de Mallorca). En 1906 ya Lugones había publicado cuatro poemarios, y no era tan joven —tenía 32 años— pero no sería hasta 1909, con la publicación de *Lunario sentimental*, donde alcanzaría su madurez poética. La diferencia de edad entre los dos poetas es de siete años, pero la precocidad de Darío y la tardía madurez poética de Lugones justifican la relación maestro-discípulo que es otro de los rasgos de este tipo de textos.

Mi lectura de "La epístola a la señora Lugones", de Rubén Darío, gravitará hacia los dos versos donde el poeta define la singularidad de su pensamiento. Esos versos aparecen en la penúltima estrofa del poema y dicen: "y a un tiempo, como Kant y como un asno, pienso. / Es lo mejor". Este enigma, como todos los de su especie, se articula mejor a través de interrogantes. ¿Por qué ya no se puede cantar? ¿por qué los poetas, en el mundo moderno están condenados a pensar? ¿Por qué, además, hay que pensar como el más racional de los filósofos, el que inventó la tradición crítica en filosofía, y como un bruto, como un asno? ¿Cómo la poesía inventa ese lugar imposible donde se piensa como una bestia y como Kant?

La estrofa VI empieza diciendo:

Hice una pausa.
El tiempo se ha puesto malo.

Solo se puede ser un poeta lírico, solo se puede respirar con el cosmos de nuevo, si el poeta interrumpe constantemente su inspiración. Si el poema hace que la prosa sorda del comercio y la mercancía pauten la música de las esferas. La fuga, el gran enigma de este poema, conlleva el intento de articular los diferentes ritmos que atraviesan la vida del poeta: el ritmo del trabajo y su cronometización del tiempo, el del universo y su música, la disonancia que el alma cansada y enferma del poeta les aporta a estas melodías.

En Mallorca ha encontrado Darío el lugar arcádico y a un mecenas que apoya su trabajo. Ha vuelto a ser un poeta libre, no asalariado, e incluso recupera su tono lírico, el que lo consagró entre los modernistas a ambas orillas del Atlántico.

No obstante, hay dos cosas que conspiran en contra de esta armonía absoluta de los tonos vitales. El poeta ha llegado demasiado tarde a este lugar, sus *Cantos* ya no son solo de vida y esperanza, como dijera en su poemario anterior. Es ahora un *Canto errant*e, título del poemario que incluye la *Epístola*. Se canta tanto la fuga, el ir y venir de un lugar a otro, como el error. Además, como ha reiterado en otro momento del poema, el tiempo que le ha tocado vivir es un tiempo indigente, como diría Hölderlin. Un tiempo marcado por el ritmo vertiginoso de la mercancía, que le imprime un carácter siniestro a la realidad. Por eso, la poesía ahora solo puede pensar —los poetas ya no cantan— como Kant y como el asno.

La bestialidad de las grandes obras ya había sido enunciada. "*La gran poesía* es esencialmente *estúpida [bête]*, ya que cree; pero en ello reside su gloria y su fuerza", sentenciaría Baudelaire en 1846. A las creencias solo se les concebirá como pura idolatría, una forma de la estupidez, de la barbarie, pero sin la cual la fuerza y la gloria de la poesía sería impensable. Y eso se debía, entre otras cosas, a la exhortación —¡Sapere Aude!— que había lanzado Kant al principio de su carta-respuesta, aparecida en 1784 en el periódico alemán *Berlinische Monatschrift*, a la pregunta ¿qué es la ilustración?: "¡Sapere Aude! Ten el valor de servirte de tu propio entendimiento", lo cual se traduce en el siguiente imperativo: ¡Deja de creer en la *Auctoritas* —el padre, el sacerdote, el legislador—, deja de creer!

El verso de Darío que une lo imposible, la bestialidad de la creencia y el *Sapere Aude*, "pensar como Kant y como el asno", es un sintagma que atraviesa su obra. La primera vez que lo usó fue en "El sátiro sordo", donde dice: "El asno (aunque entonces no había conversado con Kant) era experto en filosofía, según el decir común". La frase aparece, con variaciones, en otros textos del poeta nicaragüense. Su fuente es el poema "*L'Âne*", de Victor Hugo, publicado en 1880. Allí un asno, cuyo nombre es Paciencia, desafía a Kant con una sabiduría que incluye las tinieblas de los brutos y la prudencia de los sabios. Una sabiduría que, como dice el asno de modo explícito en la obra, abarca el conocimiento salvaje de Calibán y el espiritual de Ariel, las tinieblas y la luz.

Es ese toque de extrema lucidez y de animalidad que la poesía moderna necesita para sobrevivir. Autoconciencia exasperada y viaje a los límites del lenguaje, a su origen y a su antípoda: al balbuceo y al ruido. Para acceder a la sabiduría poética que exige la vanguardia —y con este poema se puede afirmar que se inaugura la vanguardia poética en lengua española— se tiene que ser capaz de la extrema autoconciencia que le otorgó el filósofo del *Sapere Aude* al pensamiento y a la vez poder rebuznar. Solo así una autoridad, un poeta mayor, puede servir de modelo, de ejemplo, a un poeta joven.

Si la poesía clásica se construye como un contrapunto entre la musicalidad de la palabra y el silencio, el poema vanguardista se hace con un lenguaje que ha sido invadido por la abstracción y por ruidos, bulla, algarabía bestial. Uno de los grandes poemas de la vanguardia —*Trilce,* escrito en 1922 por César Vallejo— empieza con los siguientes versos: "Quién hace tanta bulla y ni deja / testar las islas que van quedando. Un poco más de consideración". Aquí el afuera y el antes del poema, el silencio que insuflaba musicalidad a la palabra poética, se ha convertido en una bulla que no deja al poeta entregar su testimonio. Emblemático también en este sentido es *En la Másmedula*, que escribe Oliverio Girondo en 1956, poema con el que cierra la vanguardia en lengua española.

No solo
el fofo fondo
los ebrios lechos légamos telúricos
entre fanales serios
y sus líquenes
no solo el solicroo
las prefugas
lo impar ido
el ahonde

No existe más el idioma materno, el poeta piensa en versos que chirrían desde todas las lenguas, como lo haría Joyce en *Finnegans Wake*. Pero en la lengua de Babel no se puede cantar, porque de ella no tenemos memoria. Solo se puede pensar a la manera en que solo un poema moderno lo puede hacer. Pensar con los ruidos y las ideas que rodean a todas las palabras.

Aunque en rigor, se podría afirmar que este problema no surgió con la vanguardia, sino que empezó mucho tiempo antes. Arthur Rimbaud *en En una temporada en el infierno*, gritará: "¡Ya no sé hablar!". Y en otro momento del mismo poema, en contra de todos los perjuicios de su tiempo y del nuestro, vocifera: "Soy una bestia, un negro". Máxima lucidez y balbuceo, grito animal, ruido indescifrable. Así la poesía puede reinventar el lirismo e imaginar para sí un nuevo lugar en el Cosmos.

Literatura y filosofía

A Modesto Milanés Soria,
el mejor lector de Borges que conozco

La relación de la filosofía y la literatura varía según el autor. Las obras que contienen reales posibilidades filosóficas crean nuevas formas de pensamiento a partir de procedimientos rigurosamente literarios. Para Borges toda filosofía es metafísica pero la metafísica es solo una pequeña parcela, "una rama de la literatura fantástica", de uno de los territorios que componen ese gran continente que es la literatura. El viaje del fragmento al todo se realiza mediante el siguiente procedimiento. Todo concepto esconde una paradoja —su punto ciego, su laberinto— que para hacerse inteligible, transitable, precisa transformarse en ficción. Para que la aporía se convierta en camino, la paradoja en ficción, necesita unirse —crear un tejido de sentido— con una creencia.

Analicemos con este procedimiento "Funes el memorioso", el texto donde Borges define el pensar.

El procedimiento borgiano, como ya se dijo, descubre el lado más incivil del concepto, su esquina paradójica apoyándose en una creencia. *Concepto.* Pensar es generalizar, abstraer. ¿Y qué entendemos por abstracción?

La separación y reducción de un dato cognitivo primario para facilitar su comprensión. *Creencia.* La fuente primaria de cognición podría haber sido la propia realidad, las sensaciones, la percepción. Borges, como buen amante de Berkeley, escoge una fuente estrictamente subjetiva: la memoria. ¿Cómo uno se abstrae de la memoria? La única forma de separarse y reducir la memoria es olvidar. *Paradoja.* "Pensar es olvidar diferencias". Olvidar "es generalizar, abstraer". Quien no olvida no puede pensar. Piensan solo aquellos seres en los que habita la contingencia. *Ficción.* La historia de Funes cuya memoria es un "vaciadero de basuras" porque nada de lo que recuerda puede llegar al pensamiento.

¿Se puede hacer el viaje de retorno, ir del todo a la parcela, de la literatura a la metafísica? ¿Se puede desandar el camino, darse de bruces con la aporía, perderse en el laberinto y desde allí encontrar la senda que lleva a la filosofía? ¿Se puede hacer filosofía de las ficciones borgianas?

El texto borgiano ha puesto al concepto en relación con su inconsciente. Ha despertado su costado menos universalizable, menos dócil al consenso, la paradoja, y lo ha conectado son sus presupuestos, sus implícitos, lo que lo antecede pero sin lo cual no sería posible: la creencia. El concepto que regresa del texto borgiano se atreve a asomarse a la intemperie, allí donde no gobierna la lógica, y hunde sus pies en lo inmemorial, donde yacen esas formas de conocimiento que nos conectan con el origen, que nos religan al principio.

Si se acepta que para pensar hay que olvidar entonces ni una máquina, ni un Dios pueden hacerlo. Pensar es una facultad estrictamente humana y que además está condicionada por la falibilidad y contingencia de nuestra mente.

¿Pero qué sentido entonces tienen términos como inteligencia artificial? ¿Si las más sofisticadas computadoras no piensan, ni podrán hacerlo, que es lo que harán por nosotros? ¿Si los Dioses no piensan ni pueden hacerlo, qué es lo que se quiere decir cuando se habla de su omnisciencia? ¿Un ser omnisciente estaría incapacitado para el pensamiento?

Para que la filosofía pueda acomodar la noción de pensamiento que nos devuelve el texto de Borges se tiene que aceptar que solo hay saber filosófico, al contrario de lo que decía el Estagirita, de lo contingente, de aquello que puede dejar de ser en cualquier momento, de lo que siempre puede ser de otra manera. Solo se puede hablar de conceptos, si en ellos se incorpora la contingencia ya sea en forma de azar, la paradoja, o a través de la mortalidad y la finitud humanas, la creencia.

Las obras que contienen reales posibilidades filosóficas no solo crean nuevas formas de pensamiento, sino que exigen un nuevo tipo de filosofía.

Vanitas y fotografía

El confinamiento nos devuelve a la cueva arquetípica, la de Altamira, la de *La República* de Platón donde se crearon las primeras imágenes, ya fuera para expresar el mundo o para enmascarar la realidad. Geandy Pavón e Imara López recrean en la serie titulada *Quarantine: 40 Days and 40 Nights* algunos de los mitos con más tradición iconográfica para intentar darle un nuevo sentido a este tiempo que tiene, a la vez, el sabor de lo apocalíptico y de un nuevo comenzar.

Para acercarse a la obra de Geandy Pavón como fotógrafo la primera pregunta que uno debe hacerse es la siguiente: ¿qué tipo de relación tiene *Vanitas* con la fotografía?

Vanitas es quizás el género pictórico que de modo más rotundo intenta captar un instante, congelarlo, arrancarlo al flujo del tiempo. Pero para que eso sea posible, y esto también lo entiende *Vanitas* como ningún otro género, es necesario distinguir dentro del mismo instante el tiempo que fluye, que seguirá huyendo, y el que se estanca, el que nunca más volverá a pasar. El nombre original de los *Vanitas* o bodegones, al que el término *still life* le hace justicia, era vida inmóvil, inmovilizada, quieta o aquietada. Este género inmoviliza una esquina del fluir de lo vivo para que se revele la caducidad, la calavera que late en todo devenir.

Pero esto solo se puede realizar si se produce una escenificación de un instante nunca acontecido. Los bodegones o *Vanitas* crean un espacio y un tiempo ficticio donde se acumulan lo vivo y lo muerto, lo animado y lo inanimado, presidido, muchas veces, por una calavera, por la alegoría de la muerte. Solo se puede diseccionar el tiempo si se crea la imagen de una temporalidad que no ha sido experimentada por nadie.

No difiere, de modo sustancial, lo descubierto por la fotografía. Solo si se interpone entre lo que muere, lo que caduca mientras se le mira, un objetivo, un lente indiferente al paso del tiempo, se puede diseccionar lo vivo y lo muerto. En todas las otras formas de imagen el ojo que mira y la imagen, lo mirado, están sujetos a la misma regla temporal, tanto el ojo como lo observado fluyen y mueren a la vez.

La lección de los *still life*, que la fotografía recupera, es que para poder escindir lo que fluye y lo que se estanca, lo que vive y lo que muere hay que crear un escenario ficticio para el instante. Solo respecto a un instante ficticio, no experimentado por nadie o solo por un ojo-lente que no muere, no sujeto al tiempo, se puede hacer una disección de lo que a nivel experiencial solo vivimos como devenir.

Lo que la fotografía de Geandy Pavón capta como pocas, al leer el retrato fotográfico a través del *Vanitas*, es que para tener una mirada crítica ante el instante hay que crear un escenario, un teatro para que se haga visible lo que toda experiencia del tiempo esconde.

Esta serie de fotografías exhibe el carácter teatral, artificial, escenificado de lo fotografiado. Lo captado por la cámara nunca ha sido objeto de la experiencia, nunca ha sido vivenciado por nadie. Se despliega ante el lente algo que nunca nadie ha visto, un mundo totalmente inédito, y los primeros que lo ven son el fotógrafo y el futuro espectador.

La segunda pregunta que uno tiene que hacerse para poder entender esta serie que nos presenta Geandy Pavón es la siguiente: ¿Cómo se retrata un mito?

Todo mito, como bien sabía Ovidio, narra una metamorfosis. La historia de cómo se sale y se entra en la forma, de cómo se sale y se entra en el tiempo.

En el mito se configura esa esquina del tiempo que solo el otro puede vivir por nosotros: el principio y el fin. Lo que sabemos de nuestro principio nos lo contó alguien, lo que se sabrá de nuestro final, alguien lo contará por nosotros. Solo es posible vivir el principio y el final de un modo vicario, a través de otros, a través del relato que alguien cuenta. La única forma de experimentar el *arjé* (principio) y el *telos* (fin) de nuestra historia, de toda historia, es gracias a que alguien ya la vivió por nosotros. La temporalidad del mito es la del *reenactment*. Todo mito, por lo tanto, sea griego, cristiano o afrocubano recrea el principio y el fin de los tiempos.

Casi todas las fotos de esta serie recrean un mito. Lo que significa que cada foto reconstruye un instante de un relato que, como el mito, por su propia naturaleza es él mismo una recreación. Lo que nos obliga a abrir otra pregunta: ¿Cómo se recrea, se reconstruye, lo que desde su origen nace como recreación?

Geandy Pavón: *Eco y Narciso* (2021)

La solución que propone Geandy a este enigma es añadir una posibilidad, una novedad, algo inédito, en el propio principio, en el origen de todo. En su recreación, por ejemplo, del mito de Eco y Narciso la única imagen que vemos, entre montones de platos sucios en un fregadero es la de Eco. Eco quien solo refleja, repite, lo que los otros dicen, pero no puede reflejarse, hacer que su voz reproduzca lo que vive en su interior, es la que descubre su reflejo en el agua sucia llena de las costras de grasa de un sartén. Un rostro sucio, manchado por lo exterior, pero rostro al fin y al cabo. La fotografía de Geandy le regala a Eco lo que nunca tuvo, una cara, un reflejo de su interioridad.

La tercera pregunta que se tiene que hacer para acercarse a esta serie es qué le aporta la cuarentena a todo esto. ¿Qué tipo de fotos se hace cuando uno se separa por cuarenta días del mundo para lograr que nuestro propio tiempo, nuestra vida, no contamine a los otros, para lograr que el tiempo de los otros no nos resulte letal? ¿Qué tipo de fotos se hace cuando no se puede respirar junto a los otros, no se puede sentir cómo otro cuerpo somatiza el tiempo?

Para responder a esta última pregunta me detendré en la foto que Geandy Pavón le dedica a la *Pietà*, una de las imágenes con más tradición en el arte occidental.

En la foto en que se recrea la imagen de la *Pietà*, Imara López, quien sirve de modelo en todas las fotos de esta serie, hace de María con una bata del color de Oshún y una mascarilla, esas que la peste que nos asola ha convertido en tendencia. El hijo que yace en el regazo de la madre, como en el ícono clásico, lleva un manto color naranja y lo modela el propio artista.

Las esculturas y cuadros clásicos de la piedad —Miguel Ángel, Tiziano, El Greco, etc.— mezclan conceptos cristianos y paganos. La piedad, en el mundo clásico, era la pasión por el origen, *ab-origen* la llama el filósofo español Higinio Marín, amor por los ancestros. Por eso, Eneas —quien salió de una Troya que ardía con su padre Anquises en hombros— es el emblema de esta pasión. La piedad cristiana añade una tesitura afectiva nueva a la pasión clásica: la pasión por el hijo. La Virgen y el Hijo constituyen para la cristiandad la iconografía de la piedad ya que Jesús es hijo de María y padre de todos los hombres.

La foto de Geandy Pavón le aporta un matiz de complejidad a la imagen clásico-cristiana: la piedad del siglo XXI. Se puede cargar al hijo, al padre, llevarlo en hombros, pero no se puede respirar, conspirar con él.

Geandy Pavón: *Pietà* (2021)

Cómo imaginar el tiempo en el que todo vuelva a ser como nunca fue

"Ojalá que todo vuelva a ser como no era ayer".

Boris Larramendi

"Cuando necesitas aumentar el tamaño de tu casa y no hay patio donde construir más, ni jardín que ocupar, ni siquiera balcón, cuando necesitas ampliarte y vives con la familia en un apartamento interior, lo único que te queda es elevar los ojos al cielo y descubrir que en tanta altura de techo bien cabría otro piso, una barbacoa".

Antonio José Ponte. *Un arte de hacer ruinas*

El camino más largo, sinuoso y amargo entre el capitalismo y el capitalismo es el socialismo, dice el refranero popular cubano. El arte, a su manera, ha contado variantes críticas de esta historia. Muchos de los artistas cubanos de los años noventa, por ejemplo, descubrieron en las ruinas el principal logro arquitectónico del periodo revolucionario. El socialismo preservaba en forma de restos los frutos arquitectónicos del periodo anterior. Estos escombros incentivaban el carácter creativo de la posteridad de un modo polémico: expelían un misterio indescifrable —mucho más desconcertante que las fantasmagorías de la mercancía que había detectado Marx— que la economía del tiempo del después no sabría cómo aprovechar ya que a través de ese enigma se exhibía una forma de la materialidad, los desechos, que no era traducible ni en valor de uso ni en valor de cambio. El otro gran logro de la arquitectura comunista tenía igualmente la forma de un secreto. Un puntal que permitía que dentro de un mismo interior se multiplicaran los espacios habitables; casas que se escondían dentro de otras como las famosas *matrioskas*. El jeroglífico que las barbacoas —este es el nombre de ese otro arcano— lanzaban hacia el futuro también pondría en jaque al sistema político y económico que sobrevendrá cuando todo haya colapsado, puesto que el crecimiento infinitesimal que ellas proponen nos obliga a concebir una cantidad infinita que cabe en la más indigente y minúscula de las miserias. Lo construido por el comunismo, entonces, o se desmoronaba o crecía hacia dentro. Estos dos triunfos de la arquitectura totalitaria fueron leídos también en clave política y/o estético-decadente. Las ruinas no son más que, afirmaba uno de nuestros escritores más célebres, las huellas del bombardeo sobre la ciudad sitiada que nunca ocurrió. Ese montón de escombros hablaba realmente de esa pulsión de muerte que siempre acompañó a la patria en el eslogan revolucionario. La tesis estético-decadente, sostenida por los *traficantes de la indigencia* —nombre que subraya su paradójica idea del intercambio ya que lo que domina sus transacciones es la pérdida y no la ganancia— convierte a las barbacoas en el emblema de una estética de la precariedad en la que se cree descubrir una salida a la crisis del arte occidental. Al mercado del arte, estos *dealers povera*, le oponen “el resolver” del pueblo cubano, en el que creen descubrir la única forma de *creatio ex nihilo*: ser capaz, como el Dios del *Viejo Testamento*, de inventar algo de la nada.

La arquitectura revolucionaria, tal y como la imaginan algunos de los grandes artistas y escritores cubanos contemporáneos, intentaba, por lo tanto, imaginar ese tiempo imposible del después del comunismo que se resiste a completar el ciclo, al menos en los casos en que a este se le entiende como un círculo perfecto. Esta arquitectura aspiraba a contradecir la sabiduría popular cubana y a su circular y monótona idea de los tiempos históricos.

Néstor Arenas propone en su obra otra forma de imaginar esa imposible forma del después que propone lo cíclico: un *después* que es igual, y a la vez heterogéneo, a su *antes*. Entendido así, como un final que se topa con un principio no totalmente carente de novedad, el tiempo cíclico absorbe tanto a las ruinas como a las barbacoas. Las ruinas regresan la materia prima a su estado original, aunque un poco más destartalada, y las barbacoas, como las *matrioskas*, abisman el espacio doméstico haciendo que nos topemos siempre con un nuevo espacio interior, aunque siempre más diminuto y precario. Sin embargo, ni las ruinas ni las barbacoas nos sirven para entender el misterio que encierra lo cíclico. Un misterio que propone la imposible fusión entre lo igual y lo heterogéneo, entre lo anterior y lo posterior que ningún círculo supo abarcar. Esta imposibilidad se debe a la insistencia, de la que se considera la más perfecta figura geométrica, en imaginar los tiempos del antes y del después como continuos entre sí; lo que nos habla de la incapacidad de la esfera para vislumbrar la grieta que separa el punto que le dio origen del punto al que se regresa cuando se ha completado un ciclo. A nuestro rescate vienen las prótesis temporales que coloca Néstor Arenas en el centro de su arte. Prótesis que sí son capaces de imaginar la herida que la duración les inflige a las cosas, el quiebre que separa lo que fue de lo que está por venir. Artefactos ortopédicos unen las moles de concreto que construyó el comunismo, quizás para garantizar que nadie en el futuro derrumbará sus construcciones con fragmentos arquitectónicos emblemáticos del capitalismo global. Pero esta temporalidad postiza a diferencia de los círculos une lo que está con lo que ha desaparecido, anuda el vacío con la presencia. Estos injertos articulan lo ausente, o lo arruinado, con lo artificial. Unión paradójica, por lo tanto, ya que uno de los elementos ya no existe o solo lo hace de modo precario, *manqué*, y el otro tiene una forma de existencia en la que se mezcla lo real y lo ficcional, lo actual y lo posible.

Las prótesis de Arenas conciben la temporalidad de un modo geológico. Superponen diferentes sedimentos temporales: funden lo que está enterrado o sepultado por la Historia con la edificación que se ha erigido sobre sus cimientos. Sin embargo, a veces también invierten los estratos temporales y termina

Néstor Arenas: *Mc-Transformers 2, 2015*

siendo el edificio posterior el que sostiene, aunque sea de forma fantasmal, al que lo había antecedido. La construcción que asumíamos debía estar situada en las raíces, la que debía constituir el fundamento, termina sostenida por un andamio o una grúa que la fusiona como un injerto a la que se supone la sucedería en el tiempo. Las prótesis, también, pueden reunir diferentes formas de lo heroico. Los héroes de mármol del comunismo con los héroes de plástico de la sociedad de consumo. El héroe de las mil medallas, que inmortalizó el comunismo soviético, puede terminar calzando, a través de un dispositivo ortopédico, los zapatos de Goofy, el dibujo animado de Walt Disney. Las orejas y los guantes de Mickey Mouse crecen sobre un pedestal concebido para celebrar ese tiempo que, se supone, inauguraría la verdadera historia humana; una historia esterilizada, vaciada de toda contradicción. "The Happiest Place On Earth" o "Where Dreams Come True", los lemas con que se nos incita a que visitemos Disney World podrían muy bien haber servido para describir la promesa del país de Jauja que proponía el comunismo. No obstante, no se debe olvidar el misterio que late en lo cíclico: dentro de lo que parece idéntico se esconde lo más heterogéneo.

Las prótesis de Arenas nos ayudan a entender mejor el acertijo en forma de broma que nos proponía la sabiduría popular cubana. ¿Serán iguales el capitalismo que antecedió al comunismo y el que lo sucederá? Serán tan iguales, nos dicen los íconos pictóricos de Arenas, que nadie podrá sospechar nunca que ~~no~~ se trata de lo mismo. Ese es el misterio de lo cíclico, de las prótesis; que nos permiten soñar con un tiempo en el que todo vuelva a ser como nunca fue.

Néstor Arenas: *El sueño de Yuri Gagarin, 2012*

Genealogías
o el pudor de la infamia

"Y entonces se puso a escribir una historia
en donde la épica solo es el reverso de la miseria"

Roberto Bolaño. "El bibliotecario valiente"

En el origen no hay nada sublime ni trascendente. El taller en el que se fabrican los ideales, afirma Nietzsche en la *Genealogía de la moral*, huele a mentira. En el *arché* no nos topamos con el sentido de una cosa sino con el disparate. "El atroz redentor Lazarus Morell" narra cómo la más abyecta de las instituciones, la importación de mano esclava de África para trabajar en América, no es más que "la curiosa variación de un filántropo".

> En 1517 el P. Bartolomé de las Casas tuvo mucha lástima de los indios que se extenuaban en los laboriosos infiernos de las minas de oro antillanas, y propuso al emperador Carlos V la importación de negros que se extenuaran en los laboriosos infiernos de las minas de oro antillanas. A esa curiosa variación de un filántropo debemos infinitos hechos.

La esclavitud, el trasplante, el total desarraigo e incluso exterminio de la población africana en América, es vista como un accidente que esconde la filantropía. Filantropía, por demás, que se sitúa en el origen de nuestro moderno derecho de gentes. El derecho de gentes y la institución que le arranca a los hombres todos sus derechos nacen del mismo tronco. Pero no solo eso, la genealogía dice algo más; el legado de la más abyecta de las instituciones es un lío. Lo brutal y siniestro marcha codo a codo con lo heroico y redentor: el linchamiento de los afroamericanos junto a los nuevos héroes de nuestras libertades; grandes formas musicales como el blues y el jazz con el medio millón de muertos de la más sangrientas de las guerras civiles del siglo XIX. La trama de la tradición es tupida e imposible de desenredar. No podemos deshacernos de los vicios, y las maldades, para quedarnos con las virtudes porque hay un hilo continuo entre vicio y virtud. El vicio y la virtud son los polos de una misma fuerza. Es eso lo que no dijo ningún libro de moral: vicio y virtud son inflexiones de una misma pulsión que se mueve en sentidos contrarios.

"El atroz redentor Lazarus Morell" pertenece a la colección de relatos apócrifos que Borges publicó en 1935, titulada *Historia Universal de la infamia*. Su protagonista, como todos en este libro, vive en los lindes de la ley y la fama. Se narra la historia del coraje luego que el concepto de virtud perdió su relación con el valor físico del varón tal y como lo atestigua la etimología de este concepto y la moral del mundo clásico. La virtud, podría haber afirmado Nietzsche, fue domesticada, civilizada, por los sacerdotes ascéticos y hoy solo designa cualidades vinculadas a lo civil, ajenas a todo contexto bélico o militar. Las bodas de la excelencia y la fuerza no se cumplieron por última vez, como especulaba el autor de *Zaratrusta*, en la figura de Napoleón. El coraje se mudó a los extramuros del proyecto civilizatorio y se vistió con el traje de la canallada, la deshonra y el descrédito, pero nunca renunció a lo sublime.

"El proveedor de iniquidades Monk Eastman" comienza de esta forma:

> Perfilados bien por un fondo de paredes celestes o de cielo alto, dos compadritos envainados en seria ropa negra bailan sobre zapatos de mujer un baile gravísimo, que es el de los cuchillos parejos, hasta que de una oreja salta un clavel porque el cuchillo ha entrado en un hombre, que cierra con su muerte horizontal el baile sin música. Resignado, el otro se acomoda el chambergo y consagra su vejez a la narración de ese duelo tan limpio. Esa es la historia detallada y total de nuestro malevaje. La de los hombres de pelea de Nueva York es más vertiginosa y más torpe.

El erotismo, la violencia, el baile sin música, la muerte, el lujo de la virilidad calzando zapatos de mujer. Preservar la memoria del derrotado, del vencido, por la dignidad del duelo. Respetar el coraje del que muere y cantarlo sin nunca convertirlo en una víctima. Lo sublime que está más allá del bien y del mal, que por su enormidad desborda lo bello, y que ninguna de estas categorías— ni el mal, ni el bien, ni lo bello —puede abarcar, chispea en el medio de estas historias de infamia, de hombres viles.

II

¿Pero todas las historias son de infamia; todas las verdades no son más que intereses enmascarados; todos los valores, normas, ideales, fuerzas solapadas; toda la historia del espíritu humano no es más que fisiología, aunque sea trascendental: pulsión, deseo, coerción? Borges, a diferencia de Nietzsche, cree que no. Rescata la gran pregunta del genealogista, pero le cambia su intención: ¿qué constituye la singularidad de un acontecimiento histórico, si no podemos buscar la esencia del mismo en su *arjé*, en su origen, o en su sentido cumplido, su *telos*?

"El pudor de la historia" imagina otra forma de interrogar el origen: un verdadero acontecimiento histórico —aquel que realmente inaugura algo, en el que lo nuevo empieza— siempre tiene un carácter intempestivo; no pertenece realmente a su tiempo, vive solapado en el nuestro. La historia no se inaugura en las grandes batallas, ni se revela en las efemérides, en los hitos que el presente celebra y consagra. La verdadera historia, afirma este texto, es más pudorosa; tiene un carácter secreto, hecho de anomalías, de acontecimientos que por su radical novedad no pudieron ser percibidos por sus contemporáneos. "Un prosista chino ha observado que el unicornio, en razón misma de lo anómalo que es, ha de pasar inadvertido. Los ojos ven lo que están habituados a ver. Tácito no percibió la Crucifixión, aunque la registra su libro". Cuando se revela lo hace de un modo discreto, azaroso, con el aura de lo secreto: "una frase casual que entreví al hojear una historia de la literatura griega y que me interesó, por ser ligeramente enigmática. He aquí la frase: He brought in a second actor". Todo acontecimiento histórico tiene el carácter de lo extemporáneo: anómalo, imposible de codificar respecto a su tiempo, casi invisible, inadvertido, en el nuestro.

El primer hecho histórico que percibe Borges es el paso de uno a dos actores en el teatro clásico griego, el paso del diálogo con los dioses al diálogo entre los hombres; del ritual a Dionisos, la Dionisiaca, a la tragedia: la primera vez que la historia nos deja escuchar la voz humana no subordinada a un concepto, a un paradigma. El paso del ritual al drama humano, de lo sagrado a la historia. Se podría percibir aquí, y no en los textos de Heródoto, el nacimiento de la Historia, de la conversación profana de los hombres y de sus conflictos irreductibles a cualquier paradigma. Fue en la tragedia donde por primera vez una individualidad contradecía a la norma que la hacía legible. La vida se atrevía a impugnar la idea. El sufrimiento trágico fue la primera forma de originalidad personal que fue consentida en Occidente. El héroe clásico era un canon, encarnaba los ideales de su comunidad: Aquiles era "el mejor de los aqueos", Odiseo, "el prudente", Eneas, "el piadoso", etc. Fue a través de la tragedia que fue posible imaginar una forma de originalidad humana que no era canónica: "¿cuándo ya no soy nada ahora resulta que soy persona?" —el original dice algo más o menos así *ὅτ' οὐκέτ' εἰμί* (cuando ya no existo), *τηνικαῦτ' ἄρ' εἴμ' ἀνήρ* (entonces soy un ser humano)— afirma el protagonista de *Edipo en Colono*. Accede a la humanidad, a la voz propia, solo aquel que ha podido atravesar la destrucción.

El segundo de los ejemplos de un hecho histórico supone la recuperación de otra cualidad: la de lo heroico, mancillada por el nacionalismo. No se debe olvidar que según Borges el nazismo nos enajenó de una de las grandes pasiones que nos habían regalado la literatura y la historia: la *philia* de la pertenencia a la misma sangre, al mismo pasado, la misma historia, el mismo territorio, la misma lengua.

La genealogía, al desenterrar un real acontecimiento del pasado, permite que se disfrute de algo que nos había sido vedado por la educación sentimental que nuestro tiempo impuso. El acontecimiento que nos permite volver a disfrutar del heroísmo contiene los siguientes elementos: uno, la pasión que une a dos hermanos que se tratan como extraños, como enemigos; dos, la fidelidad de cada uno de estos hermanos a sus principios: castigo al invasor, lealtad al aliado, pero también a su propia sangre. Una forma de interacción, una forma de la *philia*, que no excluye el *agon*, la lucha. Un sentimiento que enfrenta los hermanos, pero sin que esto suponga una lucha fratricida, la total enajenación de los sentimientos filiales, una guerra civil.

Pero más admirable aún es el segundo hecho, el canto de la victoria del enemigo. El momento en que el historiador se atreve a elogiar el valor y el heroísmo de los que derrotaron a su pueblo nace un nuevo ideal de lo humano, el reconocimiento del coraje del otro incluso a costa de nuestra propia derrota. Aquí ve Borges el nacimiento del cosmopolitismo, de una forma de solidaridad humana que se sobrepone a los lazos que imponen las sangres y las naciones. Hay que apresurarse a señalar que ese sentimiento cosmopolita solo puede nacer dentro de una trama política, dentro del *agon* que nos enfrentó a un enemigo. Este gesto, además, solo tiene fuerza si nace de aquellos que han sido vencidos y que son capaces de reconocer en sus enemigos las mejores cualidades de lo humano: las del heroísmo, las del coraje sin que esto suponga, además, que se vean a sí mismos como víctimas. No se debe buscar, como ha hecho la Historia, con mayúsculas, el nacimiento del cosmopolitismo en el momento que un emperador romano, luego de haber conquistado gran parte del mundo que le era conocido, decidió declarar una doble ciudanía —la política: ciudadano del imperio romano, y la humana: ciudadano del mundo—, o en el que el metódico filósofo de Königsberg imaginó una liga cosmopolita de naciones como único modelo posible para crear una paz perpetua. Solo puede salir del *agon* que configura lo político, la tensión amigo-enemigo, aquel que ha reconocido en un enemigo que ha sido capaz de derrotarlo un ideal de humanidad.

Quien supo mantenerse alejado del bombo y platillo de los principios, de la parafernalia de los orígenes, termina claudicando ante al porvenir. Si los antiguos padecieron la superstición del *arjé*, los modernos se arrodillan ante el futuro. De esta idolatría por el tiempo que vendrá no se salvan ni los dos genealogistas que protagonizan este ensayo. Borges imagina un final utópico para su historia islandesa. En la voz del historiador que hace la loa de las hazañas de su enemigo cree percibir: una fecha profética de algo que aún está en el futuro: el olvido de sangres y de naciones, la solidaridad del género humano.

Los verdaderos finales son tan púdicos como los principios.

Entre ruinas y arabescos

Se aprende más del fracaso de los artistas que de sus éxitos. Dos de los filmes más ambiciosos estrenados en los últimos años —*El árbol de la vida*, de Therence Mallick y *Melancholia*, de Lars Von Trier— fracasan al tratar de contar una historia que sitúa un drama humano contra un transfondo cósmico. El universo no sabe que estamos aquí, decía Thornton Wilder en sus *Idus de Marzo*. Pero esta frase solo dice la mitad de la verdad; el arte, la filosofía, y la literatura contemporáneas carecen de lenguaje para pensar y expresar el cosmos: nosotros tampoco sabemos cómo pensar o sentir el universo. Guillermo Portieles en su serie de fotografías, *Habana: Enigma de las ruinas*, recupera dos de los grandes temas-dispositivos del arte moderno: las ruinas y los arabescos para volver a tratar de poner en contacto el mundo inteligible que hemos creado y el orbe mudo que nos rodea. Es muy probable que *el mundo estrellado encima de mí y la ley moral dentro de mí* —para decirlo con la fórmula que hizo célebre Kant— no vuelvan a encontrar un lenguaje común con el cual comunicarse. Pero el arte, a pesar de lo que digan muchos teóricos contemporáneos, encuentra su mejor punto de inspiración allí donde fracasan la comunicación y el diálogo. Lo que no se puede decir es lo único que vale la pena pintar, fotografiar, escribir o poner en un pentagrama. Lo de menos es si se fracasa en el intento, como le pasó a Mallick y a Von Trier, o si se tiene un relativo éxito como será el caso de Portieles.

¿Por qué regresar a las ruinas y a los arabescos para repensar la relación entre la *physis* y la significación? Lo que une al arabesco con la ruina es la relación que ambos tienen con la forma. El arabesco tiene un carácter accesorio, superfluo, decorativo y en la ruina el material sobrevive a su configuración, el material perdura desencajado de la armonía que le impuso la forma. El arabesco le añade a la forma un exceso, una deformación y la ruina podría ser caracterizada como una proto- o post-forma. La ruina supone siempre, como bien sabía Simmel, la rebelión de la materialidad contra lo arquitectónico. La forma captura, espiritualiza, cierta dimensión material pero ese rapto siempre tiene un carácter temporal. Hay una dimensión de la materialidad que antecede y sobrevive a la forma. Sin embargo, eso no significa que la ruina suponga la victoria de lo amorfo. La victoria nunca es total. La ruina siempre contiene la promesa y el recuerdo de una forma. En los arabescos, para decirlo ahora con las palabras de Moreno Villa, las líneas descubren su verbo peculiar, su particular modo de acontecer que las lleva a acercase a las antípodas de las propias formas: el garabato, el sin sentido, la maraña desordenada de signos. Tanto la forma que al dejarse llevar por su propio impulso se enreda sobre sí misma, se degrada y deforma, como la que sobrevive a su propia derrota, en la rebelión de su materia prima, vuelven a descubrir un camino hacia lo abierto, hacia el afuera, hacia el universo. El arabesco y la ruina nos descubren el entretiempo del mundo inteligible: su antes, su después y su aún. En el entretiempo, en las grietas y cesuras, se vuelve a encontrar una vía de acceso hacia lo abierto, hacia la radical exterioridad, hacia el cosmos.

¿Pero cómo se cifra esto en las fotos que se incluyen en el proyecto *Habana: Enigma de las ruinas*? Los buenos artistas convierten los grandes enigmas, los grandes dilemas de la humanidad, en un simple problema formal. Guillermo Portieles al atreverse a pintar arabescos, garabatos sobre fotografías de ruinas, al obligar a la forma a enfrentarse a su antes, a su después y a su incontrolable devenir nos ha permitido entrever cómo se podrían volver a contar dramas humanos contra un telón de fondo universal, cósmico. Si no creen lo que les digo, miren otra vez a esa muchacha que camina llena de su soledad mientras vemos al fondo las ruinas de su ciudad y una escalera imaginaria de un tenue azul que lleva al cielo.

Guillermo Portieles: *Stairway to Heaven* (2011)

Los misterios del habitar o la búsqueda del universal concreto

Toda obra de arte, según el buen decir de Heidegger, le devuelve al concepto de verdad su sentido etimológico. La verdad entendida como *aletheia*, un sentido que se le arranca al olvido al que lo somete el lenguaje cotidiano. La verdad que vela y revela la obra del artista español Mateo Maté es la siguiente: el hombre es el único tipo de ser que para encontrar un lugar propio tiene que producirlo, que construirlo. Pero la obra de arte nunca nos entrega la verdad como una afirmación. La obra de arte figura su verdad como problema, como pregunta, como enigma. Las preguntas que impone la obra de este artista son las siguientes. ¿Cuáles son las condiciones y los impedimentos que, en nuestra modernidad tardía, conllevan la producción, la construcción y el uso de un espacio propio? ¿Qué significa habitar para los hombres y las mujeres de este nuevo siglo?

El conflicto a partir del cual se organiza su obra podría ser resumido de la siguiente manera: nuestros espacios, todos los espacios, están atravesados tanto por la beligerancia de la retórica de lo nacional, como por la errancia y la impersonalidad de los discursos globales y cosmopolitas. Para volver a entender lo que significa habitar, poder reunir en un lugar nuestro *estar* y nuestro *ser*, tenemos que ser capaces de devolverle la concreción a los espacios que nos rodean; arrancarlos de la falsa universalidad que le otorga su anonimato y el carácter demagógico y beligerante que le imprimen los discursos patrióticos.

En la sociedad del espectáculo la única forma de recuperar la identidad de nuestros espacios, de nuestro vivir —según se propone en esta obra— sería convertir al propio espectáculo en un lugar doméstico, en el lugar de la cotidianeidad. No hay regreso posible a un lugar utópico, premoderno, donde todos los elementos del cosmos dialoguen entre sí. Pero esto no significa que los hombres no sigan necesitados de encontrarle un sentido a su habitar, que no sientan la urgencia por descubrir la singular concreción del lugar en que les ha tocado vivir y morir. A propósito de la exposición *Viajo para encontrar mi geografía* (2010) afirma el artista:

> No he distinguido entre la sala de exposición y mi casa. Muchas obras las utilizo en casa para su función. Una mesa por mucho que tenga la forma de España es la que yo uso. Y estos sillones por mucho que hayan estado en exposición son los que yo uso en mi salón.

La obra de Mateo Maté trata de volver a dotar de sentido al genio del lugar desde estos nuevos espacios en los que lo privado, lo público y lo íntimo se mezclan y funden. A través de su trabajo se cuenta la historia de cómo el espíritu de un lugar (nuestros dioses lares) se han congelado en una retórica nacional. Pero Mateo Maté también se atreve a vivir el dorso de esta verdad, su otra cara: la reinvención que sufren los símbolos patrios al convertirse en objetos de nuestra cotidianeidad, de nuestro uso. La mutación que sufre el concepto de obra de arte cuando el artista convive con ella, la integra en el tejido cotidiano de su vivir. La obra de Mateo Maté añade un nuevo capítulo a la compleja relación que han tenido el arte y la vida en los dos últimos siglos. Se habían intentado muchas formas para acercar a la vida y al arte entre sí: convertir a la propia vida en obra de arte —tal como lo ensayaron muchos de los modernismos y gran parte del arte de vanguardia—, llevar el arte a la esfera de lo industrial, del uso, de lo doméstico, hacer que el más prosaico de los objetos, un retrete, se exhibiera junto a las obras de arte, tratando de borrar de ese modo, y para siempre, la frontera que separaba al arte de la vida cotidiana.

El artista madrileño propone un tipo de reto diferente: la obra de arte va a ser un objeto más con el que convivimos e integramos en las diferentes faenas de nuestro quehacer cotidiano, pero sin que esto suponga que su extrañeza, su radical singularidad, se haga invisible o se borre. Los objetos-obra de arte que propone el artista son mesas sin dejar de ser el mapa de un país, asientos sin que esto haga invisible el detalle de que estén hechos de tela de camuflaje. Para la nueva noción del habitar que formula su obra se hace necesaria la oximonórica coexistencia entre la función y la extrañeza, el confort que asociamos con nuestro espacio propio, nuestro hogar y la violencia que muchos de estos objetos-símbolos portan.

¿Pero cómo situarnos ante obras de arte como estas? ¿Desde dónde mirarlas, cómo leerlas? A ello Mateo Maté responde: "Esta obra realmente no está planteada para mirarla. Está planteada para viajarla". Él conoce algo sobre los objetos que ha creado que nosotros no sabemos y que es esencial para entenderlos: ha coexistido con ellos, los utiliza en su rutina diaria y estos objetos son parte de lo que considera su entorno más íntimo y su hogar. Sus palabras, por tanto, son imprescindibles para iniciar la lectura-viaje con la que organizo mi ensayo.

Pero antes de iniciar este viaje por las palabras y la obra del autor es necesario que se revise la historia de una escisión, de una separación y la de una unión y fusión falsas. Tanto esta escisión como la falsa unión están en el origen del viaje que vamos a emprender y en el impulso que genera la obra del autor que ahora nos interesa. Me refiero a la grieta que separa a lo universal de un espacio concreto y la absorción que ha sufrido el concepto de lugar por el de patria.

Fue Diógenes, ese hombre que tenía como único hogar un barril, quien primero se definió como cosmopolita. Fueron los cínicos, eso filósofos descreídos de todo, los que primero se sintieron ciudadanos del mundo. El cosmopolitismo nace en Occidente como desarraigo y suspicacia hacia todos los credos políticos, hacia todas las ideologías producidas dentro de la frontera de la *polis*. Pero la universalidad no solo otorga la capacidad de vivir y pensar extramuros, más allá de las fronteras nacionales. La afirmación de la universalidad no requiere la negación del lugar. Más bien todo lo contrario. No son universales esos no-espacios que nos ofrece nuestra modernidad tardía. Esos no lugares, según los define Marc Augé, que pertenecen a ninguna geografía específica y, por ende, pertenecen a todas. Lugares sin historia y sin identidad. Espacios como los aeropuertos, los *shopping malls*, las cadenas comerciales y de restaurantes. El universo existe porque contiene un lugar. La noción de lo universal no puede ser abstracta, dislocada. El universo requiere un centro, un contenido. Para recuperar ese sentido del centro y del contenido del universo hay que recuperar el sentido y la noción de lugar. Pero el sentido y la noción de lugar han sido absorbidas por lo patriótico, lo nacional. La retórica que casi siempre acompaña a la reivindicación del *Volkgeist*, del espíritu de un pueblo, nos ha hecho sordos a la sensibilidad del *Genius Loci*, del espíritu del lugar. José Ángel Valente, siguiendo una inspiración de María Zambrano, lo supo ver mejor que nadie:

> Habría que buscar, para descongestión del lenguaje propio y ajeno, el punto histórico de la sustitución de la idea o el sentimiento del lugar por el más abstracto de patria. Porque en lo moderno la patria ha absorbido y anulado al lugar y, siendo como es mayor nuestra pertenencia a la viviente realidad de este que a la cristalizada retórica de aquella, la impuesta noción de patria en vez de ser más universal lo es menos y en vez de realizarnos nos desrealiza [...]. La patria tiene límites

o limita; el lugar, no [...]. El lugar es el punto o centro sobre el que circunscribe el universo.

Al universo no se puede acceder desde el no lugar de lo anónimo. Se necesita de la concreción, de la densidad espacial y temporal que otorga un lugar para poder reencontrar nuestra entrada al mismo.

Para darle mayor concreción y mayor universalidad, recordemos que debemos pensar ambos conceptos juntos, a nuestra noción de *Genius Loci*, del espíritu y la sensibilidad del lugar, se debe recurrir al texto más importante que se escribió en la filosofía en el siglo XX sobre el tema. El ensayo en cuestión es "Construir, Habitar, Pensar," de Martin Heidegger, escrito en 1951. El ensayo de Heidegger narra, como todos sus grandes textos, la historia de un olvido. Un olvido que es ontológico y lingüístico. El olvido en cuestión alude a la identidad entre el habitar y el construir. Pero el acceso al olvido siempre es complejo, elíptico. No hay que pensar lo olvidado, sino el olvido mismo. Pensar cómo el construir siempre vela un habitar. El habitar es un rasgo que distingue al ser humano de las otras especies animales. El habitar solo le es propio al hombre. Es propio de aquel ser que no tiene un lugar propio. El descubrimiento del habitar, ese sentido y sensibilidad del lugar, supone primero la aceptación de la pérdida de una autoctonía. Es la carencia de suelo natal, la falta de una patria la que constituye la exhortación de los mortales al habitar.

Primera parada: "Desnudar los símbolos, los objetos, hasta que se muestren de otra manera"

La primera clave para entender cualquier habitar es saber cómo y dónde echar raíces. No puede haber mejor punto de partida para esta lectura de la obra del pintor madrileño que su serie *Echar Raíces* que cubre el periodo de 1998 al 2000. Lo primero que llama la atención de esta serie es la extrañeza de los objetos que presenta. Todas las obras son muebles reducidos a su mínima expresión, a su andamiaje, el esqueleto de un mueble y sus patas transformadas en raíces. Estas piezas parecen querer desnudar a la obra de todo simbolismo asumiendo el motivo de la exposición, el echar raíces, desde su más radical literalidad tanto a nivel conceptual como material. Esta literalidad va a suponer un *continuum* entre el objeto construido y su materia prima, entre la *physis* y la *techné*. La literalidad de estas piezas nos servirá para entender cómo la obra de Mateo Maté trata de definir el concepto de raíz y arraigo en un contexto postnacionalista y cosmopolita. El concepto de raíz había sido absorbido por la idea de lo autóctono. Pero, ¿qué significa echar raíces cuando lo definimos en un contexto en que la nación ha dejado de ser el referente único de la definición de las identidades? Para comprender esto es necesario que regresemos a nuestros muebles-planta, a las raras esculturas que propone Mateo Maté en esta serie. A la pieza le da un sentido funerario el hecho de que consista solo en la armazón de un mueble y de que su soporte, sus patas, sean raíces. Parecen piezas exhumadas, arrancadas de una tumba o espacio arqueológico o que tratan de arraigar en un espacio que se resiste a ser penetrado. Piezas que tienen raíz, pero carecen de suelo. Su raíz no encuentra la tierra o la ha perdido para siempre. Mas eso no significa que estos objetos sean portátiles o nómadas. Son obras que no logran reconciliar su vocación de asentamiento con la pérdida de un lugar propio. Son piezas que aspiran al arraigo, pero no encuentran ningún lugar que les pertenezca.

Mateo Maté: *Echar Raíces* (1999)

Todo monumento funerario erige un lugar como el resumen de un *estar*, de una forma de pasar por este mundo. No deja de resultar sintomático que, según nos recuerda Javier Gomá: "[...] la fórmula aristotélica para designar la esencia, *to ti en einai*, usa el imperfecto del verbo ser *-en*, como si dijera ¿qué era el ser?, o ¿qué era para Sócrates ser hombre? —porque para los griegos solo hay atribución esencial sobre el pasado concluido [...]". La esencia de algo, su real y definitivo arraigo, tiene un carácter póstumo, funerario. El *estar* y el *ser* nunca pueden ser totalmente reconciliados. Solo se está definitivamente en los lugares en que se ha dejado de ser.

Segunda parada: "Toda esta serie parte de una premisa, de una sospecha. Lo que me llega no es del todo cierto [...]. Para estar seguro de que son ciertas las cosas que hago, como método lo primero que he hecho ha sido hacerme una cartografía de ese entorno más inmediato"

Desubicado, su video de 1993, aporta la clave perfecta para entender las piezas de *Echar Raíces*. ¿Cómo descubrir un nuevo arraigo, una nueva forma de *ser* y *estar* entre las cosas en un mundo en el que nuestro entorno más inmediato y supuestamente seguro, se ha convertido en una geografía remota e indescifrable? Vivimos en un espacio que requiere ser recartografiado previamente para que pueda ser habitado. La obsesión que tiene la obra de Mateo Maté con los mapas puede ser contextualizada en esta experiencia. En un momento en el que los lugares supuestamente más cercanos, conocidos y asequibles, se nos extrañan y alejan, se convierten en geografías llenas de amenaza e incertidumbre, ¿cómo definir una nueva noción del habitar? En estos espacios el ser humano tiene que volver al calcular el ángulo (el *gnomos*) de su sombra para poder reinventar la geometría. El escultor moderno que mejor entendió el espacio, Chillida, lo sabía muy bien: "¿Quién puede afirmar que el *gnomon* (indicador) del ángulo del hombre con su sombra es de 90 grados? ¿No serán estos 90 grados una simplificación de algo muy serio y muy vivo, nuestra propia verticalidad? [...]. Prefiero el *gnomon* al ángulo de 90 grados. Prefiero el ángulo de la vida con la horizontal". Hay que volver a entender la sintaxis elemental de nuestro espacio: lo vertical y lo horizontal, lo que nos resulta cercano y lejano, próximo o extraño, familiar o remoto y exótico e incluso amenazante. En este mundo el hombre ha perdido las coordenadas de su propia intimidad y tiene que buscar una nueva forma de orientarse y encontrarse entre las cosas. *Desubicado* nos enseña una última y esencial lección sobre el habitar. No importa cuán ajeno y extraño nos resulte el paisaje que nos rodea, el hombre siempre busca tanto un refugio, un lugar al que poder llamar propio, incluso en la más hostil de las geografías, como una cima y un centro desde el cual encontrarle un sentido y un orden a lo que le rodea. No importa cuán distópico y hostil sea el espacio que nos circunda: el hombre siempre sabe abrirle espacio a su lugar mejor, siempre sabe soñar los contornos de su utopía.

Tercera parada.: "El ermitaño que conoce el mundo desde su choza [...]. Cómo hacer un viaje global [...] pero sin salir de un viaje por tu salón, por tu cocina, por tu cama, por tu casa"

Viajo para conocer tu geografía, el proyecto de Mateo Maté que cubre los años del 2001 al 2010, nos muestra cómo el segundo centro del hogar —después del fuego que le da nombre, que nutre y reconforta—, la cama, también se ha alejado de nuestro entorno. No hay mayor aventura, mayor peripecia, que lanzarse a los peligros y los enigmas que nos acechan en lo que parece más cercano y familiar. *La Odisea*, el primer gran libro de viajes de Occidente, es nuestro primer tratado sobre la hospitalidad que para los antiguos se igualaba al trato con el otro, con lo extraño. *Viajo para conocer tu geografía* es un tratado sobre la hospitalidad, para un mundo en el que lo más próximo, lo más cercano, se ha vuelto extraño y amenazante, remoto y foráneo. Aprender a habitar en este mundo supone la difícil e inverosímil tarea de volver aprender lo hospitalarias que pueden ser nuestras camas.

Cuarta parada: "Continuidad entre lo subjetivo y lo social. Carácter intercambiable entre la iconografía doméstica y la iconografía social"

La serie *Nacionalismo Doméstico*, que cubre el periodo del 2004 al 2010, está formada por emblemas patrióticos, figuras heráldicas, mapas de asaltos, diferentes objetos de uso doméstico con la forma de diferentes países; mesas con la forma de España o

Italia, estufas ibéricas, etc. Todos los objetos mencionados sugieren la total superposición entre el espacio doméstico y el discurso patriótico y nacionalista. Pareciera que el espíritu del lugar solo sabe hablar en jerga nacionalista. Una jerga beligerante y dogmática, excluyente y divisoria. Los diferentes espacios del hogar parecen luchar entre sí y cuidar de sus fronteras con el mismo recelo que lo hacen las naciones. Aquí la ironía de la obra de Mateo Maté llega a su máxima fuerza. El artista lo sabe expresar muy bien en la entrevista que le hicieron a raíz de su exposición en el Matadero de Madrid, en el 2011: "Al intercambiar los signos, del entorno doméstico y el social, extrañan pero funcionan". En la última parte de la cita está la clave del proyecto: el extrañamiento se convierte en una condición de la funcionalidad, lo que supone tanto una redefinición del objeto cotidiano de uso (que supuestamente funcionaba debido a su asequibilidad, a su incorporación sin conflictos en nuestro entorno), como de la obra de arte (que tenía un propósito que no podía ser reducido a ningún fin, a ningún uso, a ningún contexto pragmático). Se podría decir, incluso, que esta nueva dimensión del uso, y de la convivencia que tenemos con las cosas, supone ese extrañamiento. Esta nueva noción del uso ha incorporado la sospecha como uno de sus elementos constitutivos. Aquí vuelve a resultar pertinente una comparación con Marcel Duchamp, quien llevó un objeto cotidiano, prosaico y mundano al lugar de la consagración, el museo, y con esto desacralizó todos los símbolos y, a la vez, les otorgó una nueva aura a los objetos de nuestra cotidianeidad. ¿Qué pasa cuando se hace el gesto contrario? ¿Cuándo se lleva un símbolo al espacio doméstico y se le usa en las tareas más cotidianas como el cocinar, el sentarse o el dormir? ¿Qué sentidos pierde y gana el símbolo cuando se le convierte en objeto de uso? ¿Cómo cambia el sentido de la palabra *patria* cuando literalmente convivimos con ella, cuando cocemos nuestros alimentos en ella o nos sentamos sobre una silueta de su mapa? ¿Cómo cambia la forma que tenemos de habitar el espacio nacional cuando vivimos en intimidad con él, cuando usamos sus símbolos para resolver nuestras necesidades más inmediatas? Al responder a estas preguntas encontraremos el peculiar sentido, la singular entonación que le da al verbo *habitar* la obra de Mateo Maté.

Para poder vivir en los espacios que nos ha legado la modernidad tardía, tendremos que aprender a profanarlos, a inventarles un nuevo uso y un nuevo sentido. El término profanación supone la reintegración de lo que era considerado sagrado y, por lo tanto, inaccesible a cierta esfera del uso. Pero esta restitución tiene un carácter paradójico: el objeto regresa a la esfera de lo cotidiano pero solo a través de una redefinición de su dimensión utilitaria. El objeto profanado ha perdido el aura religiosa que lo situaba en una inasequible lejanía, pero al reinsertarse en nuestro mundo provoca un extrañamiento, una implosión, de lo que consideramos familiar, próximo, cercano. Giorgio Agamben señala la cercanía que este objeto profanado tiene con el juguete, con el juego: "El juego libera y distrae a la humanidad de la esfera de lo sagrado, aunque no por la mera abolición de esta. Lo sagrado es restituido a un uso especial, que no coincide [totalmente] con el consumo utilitario [...]. Un automóvil, un arma de fuego, un contrato jurídico, se transforman de pronto en juguetes. Es común a estos casos y a la profanación de lo sagrado el pasaje de una ¿religio?, que es ya sentida como falsa y opresiva, a la negligencia como *vera religio*".

Quinta parada: "Trato de devolverle al arte lo que la guerra le ha robado"

Paisajes uniformados, el grupo de trabajos que le dedica Mateo Maté al paisaje cubre el periodo del 2007 al 2008. El propio artista define su proyecto en los siguientes términos:

> El camuflaje militar no existiría sin el descubrimiento, realizado por los artistas del preimpresionismo e impresionismo, de un lenguaje y una peculiar iconografía plástica. Estos movimientos artísticos despojaron a todos los elementos naturales del paisaje de su forma básica, y los reinterpretaron como manchas y colores tal y como la retina humana los percibe a un golpe de vista. Muy pocos años después de este descubrimiento, y demostrándonos que no hay invento humano inocuo y que no tenga posibilidades de ser utilizado perversamente, los uniformes de los ejércitos de todo el mundo cambiaron radicalmente de planteamiento, pasaron a ser un elemento representativo del poder a ser *armas ofensivas*, aunque

pasivas. El lenguaje plástico de los impresionistas se había convertido en un arma.

En la serie de obras que constituye este proyecto el artista invertirá el proceso antes descrito. Utilizará las diferentes texturas cromáticas de los uniformes militares de todo el mundo para recrear los más diversos paisajes. El cuadro, por demás, nos proporciona una lista de los uniformes que le han servido de fuente e inspiración a su paleta. El lienzo, más que componerse, se arma como un rompecabezas con los motivos cromáticos de diferentes uniformes. Para construir un paisaje son necesarias a veces las más peculiares e inesperadas alianzas. El uniforme checo del desierto, los marines norteamericanos, la fuerza aérea rusa, los marines pakistaníes y el ejército austríaco son necesarios para pintar un pequeño pueblo junto a un lago y unos arbustos. Cada cuadro reescribe la geopolítica y las alianzas político-militares del momento en función de su motivo pictórico. La obra, en cierto sentido, desvía la lógica que generó el uniforme camuflado: simular un color natural para hacerse invisible en el entorno. El cuadro vela y revela su naturaleza uniformada. En cada lienzo podemos ver, a un mismo tiempo, un paisaje y un *collage* de uniformes. Los motivos camuflados le servirán luego al artista para crear paisajes interiores, ambientes camuflados dentro del propio espacio doméstico. Esta serie contiene una nueva lección sobre el habitar: más que pretender que nuestra casa sea un refugio de la militarización y la guerra que domina en la intemperie es necesario intentar generar pactos, alianzas, treguas entre los diferentes espacios y personas que constituyen nuestros ambientes con la esperanza de que, en algún momento, sea este microcosmos el que reinvente lo que nos rodea. No se debe pasar por alto la lección que nos enseñaba una de las piezas de la serie anterior: un país no es más que la suma de todas las casas que lo pueblan. Parece que al final el arte —no se puede olvidar que la obra más importante de Mateo Maté es su propia casa— le podrá arrancar a la guerra lo que esta le había arrebatado.

Última parada: "Resumen o viaje total por todos los objetos de mi casa [...]. Ese pequeño universo se convierte en un gran espacio absoluto y gigantesco"

La última parada es la escultura-instalación *Actos Heroicos* que tuvo como escenario el espacio de la antigua Gallera en la ciudad de Valencia. Esta escultura consiste en una vivienda hecha de ladrillos rojos cuyo contorno reproduce el mapa de España. En esta casa-país se reúne gran parte de la obra del artista. No sería exacto decir que esta exposición tiene un carácter retrospectivo. Lo que pasa más bien es que el artista deja que miremos de nuevo los objetos con los que convive en su cotidianeidad. Pero, ¿cómo nos movemos por este espacio? ¿A qué tipo de lugar nos invita el artista? La obra, como suele ser común en el caso de Mateo Maté, invita a un viaje. Primero podemos tener, desde los balcones de la Gallera, una visión panóptica del conjunto de la instalación. Veremos el mapa de España y el conjunto de habitaciones con todos los objetos que contienen. Mientras se desciende para adentrase en la obra, el espectador se va a encontrado con muchos de los objetos descritos en este ensayo y que configuran el mundo personal, y en su caso personal quiere decir íntimo y también doméstico, de este artista. Por último, el espectador puede pasearse por los interiores de esta casa, entrar en ella, incluso tratar de habitarla. El viaje, según lo hemos descrito, parece sencillo, pero lo cierto es que no resulta fácil ubicarse ante esta pieza, y saber ubicarse, en el caso de la obra de Mateo Maté, constituye el reto hermenéutico principal. Hay que visitar a esta pieza como lo haríamos en una excavación arqueológica, no resulta gratuito mencionar que uno de los proyectos del artista se titulaba *Arqueología del saber*. La obra propone que accedamos a los diversos estratos-sedimentos que se superponen entre sí y condicionan la experiencia y la actitud emotiva que se tenga ante la misma. La Gallera, el más profundo de estos sedimentos, inunda este espacio con los espectros de la violencia y la sangre del espectáculo de la pelea de gallos. El mapa de España, con todo el peso histórico que este símbolo conlleva, constituye el segundo sedimento. El museo constituye la tercera de estas capas que condiciona cierta actitud ante lo que vemos, ciertas formas de comportarnos, de mirar, de experimentar los objetos. Y, por último, la casa. No se debe olvidar que el artista, al fin y al cabo, nos ha invitado a su hábitat. Hay que señalar, sin embargo, lo raro de esta casa que tiene tal densidad en los cimientos y, a la vez, carece de techo. ¿Se puede vivir en su sitio así? ¿Quiere realmente el artista invitarnos a que habitemos en ella?

Mateo Maté: *Actos Heroicos* (2011)

Para responder a esta pregunta, y cerrar nuestro viaje (para deshacer la grieta que separaba lo universal de lo concreto y romper el falso vínculo que le imponía al lugar la forma de la patria) hay que desenterrar, no olvidemos que estamos en un sitio arqueológico, a las dos deidades griegas que dominan el espacio del hogar. Rescato a estas deidades con la ayuda del artículo de Jean-Pierre Vernant, "Hestia y Hermes. Sobre la expresión religiosa del espacio y el movimiento en los griegos". El hogar según la mitología griega estaba amparado por dos dioses que hacen pareja sin tener una clara relación entre sí. Su relación no es sanguínea, ni genealógica, ni los une ningún vínculo familiar o de subordinación o protección. Su lazo se basa en una pura afinidad, en una simple proximidad. Se podría decir que son los verdaderos dioses prójimos, los que crean un lazo vinculado a la cercanía y la *philia* que los une. Ambos protegen el hogar. Ella, Hestia, es el ancla, el ombligo de la casa, su centro, su raíz, su eje. Lo inamovible e imperecedero de todo hogar. Lo que lo hace permanecer a pesar de los embates de la intemperie. Él, Hermes, es dios de los pasajes, es el pasajero, el mediador, el mensajero. Siempre moviéndose entre el mundo terreno y el celeste. Él cuida de las fronteras, de los umbrales, de los espacios que median entre el adentro y el afuera, entre la intimidad y la más desamparada de las intemperies. Sin uno de ellos, cualquier verdadero lugar, cualquier hogar sería imposible. Sin alguno de ellos, las bodas de lo universal y lo concreto serían inimaginables. Todo verdadero hogar nos arraiga, pero también nos incita al nomadismo. Toda verdadera casa guarda un interior, pero está atravesada por la negatividad y los fantasmas de la intemperie.

Nuestro viaje terminó en el futuro y en la prehistoria. Desde estas dos temporalidades antitéticas, nos invita el artista a que imaginemos cómo será nuestro habitar en el siglo que ahora transcurre.

HISTORIAS DE *NADIE*. LA POÉTICA DE LA DESOLACIÓN

El habitar supone la invención de un espacio artificial que le otorga sentido y tesitura afectiva al lugar. Todo habitar intenta exorcizar las altas cuotas de desarraigo que padece el humano como especie. Los cuadros de Gustavo Acosta, no obstante, hacen patente, visible, que ese exorcismo nunca tiene un éxito total. El habitar no otorga un alivio pleno ante las dosis de exilio que acechan a los humanos. La desolación, que como indica su etimología es la incapacidad de recibir solaz, alivio, es el gran protagonista de sus cuadros.

La desolación vendría a ser entonces el negativo del habitar. Un negativo sin el cual resulta incompleta toda reflexión sobre el habitar, sobre la ciudad. Se debería hacer una historia de la arquitectura desde la perspectiva de la desolación. El título de este hipotético libro debería ser: "Historias de nadie". La desolación es, por un lado, la ausencia de lo humano en los espacios y, por otro, las cuotas de inhabitabilidad que acechan a todos los lugares creados por el hombre. Y a eso le dedicó Gustavo Acosta gran parte de su obra. Las diferentes formas, texturas, colores, tonalidades afectivas en las que ese *nadie* comparecía en las ciudades.

La desolación, al igual que el habitar es un producto humano. Un paisaje nunca pisado por el hombre puede ser desértico, ignoto, pero no desolado. La desolación es la ausencia de lo humano allí donde estuvo previamente. Desolado también queda un paisaje luego que ha sufrido el azote de la violencia de una guerra. *Nadie* comparece solo allí donde hubo humanos.

Si algo no le ha faltado al último año y medio han sido los ingredientes que, según los griegos, provocan el fin de cualquier ciudad, de toda comunidad política: la peste y la revuelta. Paradójicamente, al menos una de esas calamidades, la plaga, resulta imprescindible para que sea posible habitar los paisajes urbanos de Gustavo Acosta. Probablemente ningún otro artista cubano haya pintado más paisajes urbanos que él, sin embargo, hasta esta exposición (*A Series Of Unconnected Thoughts*, LnS GALLERY) las construcciones que se sucedían en sus cuadros estaban rigurosamente despobladas. Tanto la palabra 'ciudad' que deriva del sustantivo latino *civis* —de donde proviene nuestro vocablo ciudadano—, como 'urbe' —que proviene del vocablo *urbs*, *urbis*, con el cual los ciudadanos romanos se referían a su propia ciudad, a la que percibían como el centro de todo el mundo civilizado— vinculan el concepto de lo urbano a la civilización lo que, por definición, requiere de la presencia humana.

¿Qué sentido tiene entonces pintar ciudades vacías? Los primeros que pintaron paisajes urbanos deshabitados fueron los pintores de ruinas. Las ruinas, afirmaba Georg Simmel, suponen la victoria de la materia sobre la forma, de la naturaleza sobre el espíritu. A través de las ruinas, la naturaleza expresaba su resistencia a ser convertida totalmente en artificio, en cultura. Por eso, las ruinas expresaban su esencia cuando estaban deshabitadas, cuando no había ninguna presencia humana que las perturbara.

Pintar la desolación, sin embargo, es algo muy diferente a pintar ruinas. Si la ruina pinta la victoria de la naturaleza sobre el hombre, de la inercia sobre el afán vertical de los humanos, a través de la desolación comparece la ausencia que ninguna construcción logra abarcar, el infinito que ningún perímetro logra circunscribir.

Durante una parte importante de su carrera, Gustavo Acosta se dedicó a pintar aquella zona del urbanismo cubano, la arquitectura colonial y republicana, que el periodo revolucionario se había encargado de sepultar. Los edificios que pintaba Acosta venían de otro tiempo y, por tanto, no podían, en sentido estricto, estar habitados. La pintura de Acosta, como afirma uno de sus proyectos anteriores, era un inventario de omisiones. Aquello que había sido borrado por el imaginario de la revolución cubana, en su afán de fundar un tiempo y un espacio nuevo, revivía, pero de forma fantasmal, espectral, *uncanny*, en sus cuadros. Lo desolado siempre comparece en las obras como un espectro.

Cuando su mirada se desplazó hacia Miami, la ciudad en donde reside actualmente, los edificios emblemáticos que pululan en sus cuadros cambiaron, pero la ciudad siguió estando vacía. El problema no radicaba ahora en el afán tanto adánico como apocalíptico de todo proceso revolucionario. La ciudad adolecía de un mal diferente, la ausencia de lo público —debido a la carencia de plazas, aceras, transporte urbano y a la escasez de esos encuentros con lo otro, de un carácter aleatorio y contingente, que estos espacios permiten —, pero cuyas consecuencias, al menos a nivel pictórico, parecían similares. Las nuevas cartografías urbanas de Gustavo Acosta tenían iguales cuotas de desolación que las de su pintura anterior.

Pero no es hasta esta serie —producida desde las restricciones que el confinamiento ha impuesto sobre buena parte del globo— que en los cuadros de Gustavo Acosta se puede observar la presencia de lo vivo, tanto humana como animal. Pareciera entonces que aquello que tenía, según los antiguos, el potencial de destruir la ciudad sería, en el caso del pintor cubanoamericano, una de las condiciones necesarias para que esta pueda ser habitada.

Hay al menos cuatro obras en esta exposición en los que aparecen figuras humanas *Invasive Species* (2020), *Connecting the Dots* (2020), *Paradox* (2020) y el cuadro que ocupa el centro del tríptico titulado *A Trilogy* (2020). Se incluye, además, un lienzo que lleva por título *Equilibrio* donde un grupo de lobos pintados en color magenta —y que habitan en un universo cromático aparte— aparecen en el primer plano del cuadro.

Gustavo Acosta: *Invasive Species* (2020)

Anteriormente mencioné la palabra habitar para tratar de resaltar la inusitada presencia de lo vivo en estos cuadros. Sin embargo, esto no es exacto. Se podría hablar más bien de figuras que merodean en un universo paralelo —tanto desde el punto de vista espacial como cromático— o que intentan invadir, no se sabe con cuánto éxito, los edificios o construcciones desiertas que se representan en estos lienzos.

El Narciso digital del cuadro *Connecting the Dots*, que trata de descubrir su propia imagen en el celular a pesar de estar agachado al lado de una fuente, ilustra la impermeable soledad en la que viven los seres que se mueven ahora en los lindes de la ciudad que pinta Gustavo Acosta.

Pero no solo tenemos una serie de personajes que parecen vivir en sus propias mónadas respecto al ámbito urbano que tienen a su trasfondo, sino que los propios edificios se yerguen contra un paisaje con un carácter abstracto, formado en su gran mayoría por figuras geométricas pintadas en diversos colores. Un lugar en que lo humano, el paisaje y lo arquitectónico simplemente se yuxtaponen, sin componer ningún sentido recíproco. Solo se le puede llamar urbe, ciudad, si se les arrancan a estos vocablos el hálito civilizador que las acompañaba. La presencia de lo humano, más que borrar, acentúa el carácter desolado de la obra de Gustavo.

No sabemos a qué mundo nos asomaremos luego que todo esto termine, pero si se quiere vislumbrar algo sobre el mismo no sería un mal comienzo aprender a sostener la mirada a la desolación que nos interpela desde la obra de este gran artista.

Gustavo Acosta: *Paradox* (2020)

La hospitalidad de lo inhóspito

En el principio era la casa.

Este es el hecho primario, radical, anterior a cualquier otro. El nacimiento es pura ficción, eso que sabemos porque alguien nos lo cuenta y lo que viene antes de nosotros pertenece al rango de la mitología: el tipo de relato que se necesita creer para que el mundo en el que se vive adquiera sentido. La primera memoria del humano se origina siempre en una casa. Las consecuencias de este hecho son extremas. Quien no tiene casa o ha sido desprovisto de ella se le ha arrancado una parte de su humanidad. Ha sido despojado de su anclaje primario.

Definir al ser humano como un ente que fue arrojado al mundo —afirma Gaston Bachelard lanzándole un dardo venenoso a Heidegger— es metafísica barata. El hecho primario acontece en un ambiente de protección, en una cuna. Es desde allí que se tiene un primer contacto, en sentido cabal, con el mundo. Para que exista algo que se pueda definir como un mundo propio tiene que acaecer previamente la intimidad y el sentido de pertenencia, y de propiedad, respecto a un lugar que solo ofrece la casa, el hogar. Esta forma de concebir el origen de la humanidad conlleva también un vuelco substancial respecto al marco valorativo desde el que se comprende lo primigenio en el humano. El humano se asoma al mundo no como un ser desarraigado o indigente, sino desde la plenitud y la protección que otorga una morada, un hogar. El ser humano no viene a un cosmos, a la tierra y su constante diálogo-disputa con los otros elementos. Se arriba a un mundo, a una casa, a un entorno artificial donde todos los elementos han sido humanizados: el fuego calienta desde el hogar, el agua corre según el cauce que nos place, la intemperie es un paisaje que se puede disfrutar desde una ventana o en un patio, el aire se hace circular para refrescar los ambientes en que se mora, la parcela de tierra en que se vive es el lugar que definimos como propio.

No obstante, sabemos de sobra que no siempre sucede así. Millones de hombres y mujeres viven en condiciones de máxima precariedad lo que les impide acceder a ese costado del mundo, el hogar propio, que otorga la plena humanidad.

Yo nací en una casa que no era mía. Había una placa en la puerta que no dejaba lugar a la duda: "Esta es tu casa, Fidel". Igual les sucedía a todos mis vecinos. Humberto Calzada, a quien estas páginas van dedicadas, fue arrancado de su casa y arrojado al exilio —respecto al exilio sí adquiere toda su relevancia la expresión que usó Heidegger para definir al Dasein, al ser ahí: ser arrojado al mundo— el 20 de octubre de 1960.

Este ensayo contará la historia de las casas que pinta Humberto Calzada que muestran al humano como un ente que es, a la vez, protegido y arrojado, pleno e indigente. El problema al que se tratará de responder es el siguiente. ¿Qué sentido tiene erigir una casa que está condenada a verse asolada por los elementos que toda construcción trata de doblegar, de domesticar: fuego, agua e intemperie (el aire libre)?

La primera casita (1972) pinta la Ur-casa, la casa arquetípica, erigida en un paisaje-oasis de colores evocador de la campiña cubana. La casa aparece vacía tanto por fuera como por dentro: sus puertas están cerradas y se le representa en un solo plano, lo cual sugiere una construcción que es meramente fachada, que carece de interior. Lo único vivo son las plantas que rodean a la vivienda y los colores que anegan el cuadro. Existe, sin embargo, un elemento que sugiere una profundidad, que promete un interior: la sombra de la casa delinea tanto su fachada como un fondo, solamente vislumbrado como espectro.

Las casas de campo se suceden en este periodo. Están, en su gran mayoría, herméticamente cerradas y rodeadas de un paisaje de colores ondulantes. En las pocas ocasiones que una puerta se abre lo que se ve no es propiamente una habitación —ese lugar donde es posible el interior, la intimidad, la vida privada— sino un pasillo que termina en una puerta enrejada y que tiene a un lado el paisaje campestre y al otro las mismas puertas-ventanas que nos encontramos en las fachadas de otras residencias que pinta Calzada, o un patio interior que da al frente de otra vivienda. Son bellas pero hay algo inhóspito (*Unheimlich*) en ellas. Solo se puede llegar hasta sus umbrales: el interior, casi siempre está vedado. Permanecen deshabitadas no solo porque nadie vive en ellas, sino porque resulta imposible morar allí, fundar una vida privada, un interior propio.

Otro de los sentidos del concepto *Unheimlich* —palabra intraducible al español ya que abarca un campo semántico que cubren diferentes vocablos en nuestro idioma como siniestro, inhóspito y, como se verá en seguida, lo expropiado e inapropiable— se activa al mirar estas casas. Nos resultan familiares: evocan los domicilios en que hemos vivido, los que vimos o soñamos. Pero en sus cuadros se plantan delante de nosotros con una extrañeza que parece imposible de domesticar. Son espacios respecto a los que nadie se puede reclamar como propietario. Han sido ontológicamente expropiados. No se les puede reivindicar como propios. Son, en el sentido más fuerte que se pueda imaginar, inapropiables.

Solo se puede abrir al universo, a lo otro, quien tiene un lugar que pueda reclamar como propio, una interioridad desde la cual abrirse al cosmos. Una casa que resulta inapropiable nos deja expuesto a los elementos. Frente al universo, pero carentes de un mundo en el cual albergar el todo, desde el cual abrirse un espacio propio en él. Expuestos al todo, pero sin un puesto en el mismo.

Hacia el final de esta década, Calzada pinta varios interiores. En *Forgiven* (1978) lo único que ocupa el espacio interior en la habitación es el reflejo en el suelo de la ventana con su respectivo vitral. Los reflejos, como las sombras y sus espectros, despliegan un interior quimérico, ensoñado.

Las sombras-reflejos nos acechan. Esbozan la potencia de un habitar allí donde reina lo inhóspito. Nos obligan a recordar que una vivienda sin espacios interiores es una casa mutilada, expropiada de su humanidad. Regresan, como el espectro del padre de Hamlet, con el imperativo del recuerdo: "Remember me".

A principio de los ochenta, se mantiene el veto a lo doméstico, a lo privado, pero se logra a través de efectos contrarios. En estas nuevas casas no es posible aislarse, protegerse de la intemperie. Las paredes, escaleras, puertas, muros y ventanas delinean un espacio que no contienen pues permanece abierto hacia arriba y hacia los lados. No se puede hablar en estas construcciones de un adentro y un afuera, un interior y un exterior. Hay piso pero no hay techo, hay muros pero no hay paredes, las puertas y las ventanas se abren al horizonte. Las escaleras comunican el primer piso con el aire, en algunos casos (*The Wish I*, 1982) parecen llegar hasta el cielo. Hay arriba y abajo, aunque no hay nada que los separe. Uno de los lados se abre al mar y el otro no lo vemos.

La soledad de estas casas se ha hecho aún mayor. No se puede afirmar, ni siquiera, que tengan un paisaje que las albergue. El universo cromático que rodeaba a las casas del periodo anterior se ha simplificado al extremo, ahora solo tenemos los azules del mar y el cielo. No hay adentro ni afuera. Hay una construcción que se abre, a través de múltiples puertas y ventanas, al infinito.

Lo único que intenta habitar el adentro son las sombras, los múltiples reflejos de la luz que se cuela por los ventanales. El interior solo existe a través de la promesa que la sombra abre en el vacío. Se mantiene la exigencia del recuerdo, el veto al olvido. ¡Remember me!

En el interior, también, habita la mirada. En *Space, The Text of Memory* (1987) vemos, desde un adentro que enmarca el afuera a través de sus columnas en arco, un piso a cuadros sobre el que se yerguen, desmontados o arruinados, los elementos de una construcción ya derruida o en vías de completarse. En el cuadro, *The Box* (1984), se observa, desde dentro de una ventana en forma de arco, la fachada de una casa esculpida como un nicho en una gran piedra de mármol o granito.

Las casas arruinadas o por ensamblar se suceden hasta finales de los ochenta. También las casas-cuadro y las casas-escultura. La casa que solo alberga a los espectros, a los reflejos y a la mirada no cesa de inventarse nuevas funciones: *memento mori*, recuerdo de nuestra mortalidad; utopía, promesa del lugar mejor; obra de arte, se descubre la hospitalidad, la apertura hacia el otro, allí donde reina lo inhóspito.

En los noventa empiezan las inundaciones. Otro de los elementos, el agua, asoma su cara e inunda las casas que pinta Calzada. Ahora el suelo, los cimientos, también desaparece anegado en agua. El afuera invade los precarios interiores que se insinuaban en estas construcciones. En la serie de los años —*Years of Fortune* (1990), *Years of Serenity* (1991), etc.— todo lo que vemos se duplica y se deforma en el agua. Presentimos al que mira con una buena parte de su cuerpo sumergido.

Humberto Calzada: *The Late Afternoon and Modrian* (1995)

En el cuadro *The Late Afternoon and Modrian* (1995) vemos la ventana con su vitral y su reflejo en la pared que continúa en el agua que inunda la habitación y se extiende hasta la obra de Pierre Modrian que aparece allí colgada. En esta obra, Modrian ordena en formas geométricas los colores blanco, amarillo, azul y rojo de un modo que anuncia, o repite, los del vitral de la parte superior de la ventana. A quien mira toda la escena lo intuimos, de nuevo, sumido en el agua. Esta habitación, a diferencia de muchas otras, está techada. El color que decora el techo tiene las mismas tonalidades de azul cielo y marino que vemos a través de la ventana. El interior no pretende albergar el mundo, construir un universo a nuestra escala humana con todos los elementos en función de nuestro confort. Calzada construye interiores desde los cuales se les permite a los elementos expresarse, revelar una belleza que a pesar de que nunca ha llegado a ser domesticada resulta hospitalaria. La obra de arte logra lo que ningún arquitecto pudo: abrirle un espacio a los elementos sin subordinarlos a ningún fin doméstico. Dejar que el cosmos entre en la casa, sin reducirlo a un mundo.

Pero... ¿qué pasa con el fuego?, se preguntarán ustedes. ¿Cómo se relacionan estas casas con el más destructivo de los elementos? La respuesta aparece en la última etapa de la obra del pintor nacido en La Habana, a partir de un tríptico titulado *The Fire Next Time* (2008). En los tres cuadros que conforman este panel una casa, un edificio y una iglesia arden. Los límpidos azules con que se pintaban los cielos en las obras del pintor habanero lo ocupan ahora el dorado y el rojo de las llamas y los grises de todas las tonalidades que producen las nubes de humo. Todo esto se refleja en el agua que cubre la plaza que comunica los edificios donde los colores que propone el cuadro se funden, confunden, y dialogan. A quien observa lo adivinamos en el interior del cuarto edificio que cierra esta plaza, y que el cuadro no representa, en un interior también en llamas.

El interior que ha sido aire, agua y fuego ha albergado siempre a la imagen y a quien la mira. El interior se ha abierto al cosmos, se ha dejado asolar por los elementos para que la obra sea posible. La obra de arte permite que se mire el cosmos desde el anclaje que aporta cierta forma de mirar el todo y desde el desarraigo y extrañamiento que la imagen conlleva. En un cuadro no se puede morar, no se puede habitar. Sus imágenes, empero, nos acechan con ese imperativo que impide el olvido: ¡Remember me!

La obra de arte incita a que se recuerden los dos polos que configuran nuestra humanidad: la indigencia y la plenitud, la mortalidad y el hambre de infinito, la casa primera y última, en la que se habita y en la que se yace, y los restos que nunca se dejan encerrar y que regresan al todo.

¡Remember me!

FOBIA ANTE EL OLVIDO

Palabras pronunciadas en el evento "Imaginando un habitar" que tuvo lugar el 28 de mayo en la Biblioteca Central de Miami Dade

Ayer, mientras regresábamos de cenar en un restaurante cubano en Miami, hablaba con el pintor Humberto Calzada, La Habana 1944, y de su pasión por las viviendas, por la arquitectura. Me confesó que le gustaría tener muchas casas, pero no por la ambición de poseer muchas propiedades, sino por la solución que cada morada propone a esa palabra que se deja decir mejor en inglés que en español: *dwelling*. Cuando funciona como sustantivo este vocablo se suele traducir por *vivienda* o *morada*. Cuando lo hace como verbo, su mejor traducción es *habitar*.

La obra de Humberto Calzada plantea el siguiente enigma: ¿cómo cambia el sentido del habitar para nosotros, ciudadanos del siglo XXI, cuya principal condición —al menos es eso lo que nos dicen— es el desarraigo, la falta de autoctonía, la carencia de un lugar propio?

Se suele definir al hombre moderno por sus desplazamientos. Se habla de su condición global, nómada, errante, cosmopolita. No siempre fue así. Los hombres se definían no solo por su país, sino por su patria chica. Santa Teresa le añade a su nombre el de su pueblo, Ávila. Aristóteles era conocido por todos como el Estagirita, por haber nacido en Estagira. La obra de Humberto Calzada, al menos a primera vista, se podría definir por su ciudad natal, La Habana. Los primeros que se definieron como ciudadanos del mundo, como cosmopolitas, vivían fuera de sus comarcas, fuera del comercio regular con el resto de los hombres. Uno por ser emperador, Marco Aurelio, y el otro, Diógenes el cínico, por haber renunciado a convivir con los otros hombres: se declaraba exiliado de todos los espacios, vestía en harapos y vivía en un barril.

Pero ahora todos nos definimos como lo hacían el emperador-filósofo y el filósofo-indigente. Ahora, todos somos globales, nómadas.

El arraigo, la autoctonía se ha convertido en un enigma. Este hecho se puede constatar en tres de los artistas de mi generación que más admiro. Carlos Garaicoa recupera a los Atlantes, las figuras míticas encargadas de sostener el mundo, a los que actualiza en su función al ponerlos a apuntalar esa ciudad, La Habana, cuyos incesantes derrumbes hacen sospechar que ha perdido sus fundamentos. Alexander Arrechea fotografía un cuerpo al que lo invisibilizan los ladrillos de su vivienda portátil. Néstor Arenas, por su parte, le inventa una nueva altura, un futuro posible, a un espacio marcado por la usurpación. Me refiero a la Plaza cívica fundada por Fulgencio Batista convertida en Plaza de la Revolución, con mural del Che incluido, y de la que nos salva una prótesis —construcción posible-futura— con la silueta del gato Félix y con el guante de Mickey Mouse. Garaicoa y Arrechea reinventan los cimientos y Arenas propone un utópico arraigo en el más inestable de los elementos, en el aire.

El hecho cultural primario, lo que nos distingue de los animales, es la construcción de lo doméstico tanto como espacio primordial como recinto postrero. El momento doméstico originario acontece con la invención de un espacio propio, la casa, donde todo lo que nos rodea se utiliza en nuestro propio beneficio. Cuando los humanos empiezan a enterrar a sus muertos —momento a partir del cual lo doméstico absorbe también a lo póstumo—, la muerte deja de ser un simple hecho orgánico, natural, impersonal. Una sepultura intenta preservar la memoria de una persona que ahora es solo cadáver, mantener su recuerdo ante la indiferencia del cosmos.

La obra de Humberto Calzada no se limita a dar testimonio de la desolación a la que están sometidos los seres desarraigados, como los somos casi todos. En las dos serigrafías que se presentan hoy *Al sur de la ausencia* y *Miedo a olvidar* —producidas con esa calidad gráfica que caracteriza a todo el trabajo del taller de Pepe Herrera—, Calzada propone un nuevo habitar para todos aquellos que padecen la condición existencial del expropiado, aquellos que tienen muchas moradas, pero no un hogar, aquel lugar que se puede definir como propio.

Humberto Calzada: *Al Sur de la ausencia* (2022)

En la serigrafía *Al Sur de la ausencia*, se coloca al espectador delante de cuatro columnas truncadas que cumplen la función que tuvieron las míticas columnas de Hércules para el mundo clásico: delimitar el espacio conocido, definir un límite luego del cual se acaba el mundo, el espacio habitable, y empezaba el cosmos, entendido este último como el lugar donde se está expuesto a lo desconocido, a lo ilimitado. Los conjuntos arquitectónicos que ocupan la parte derecha de esta imagen esconden su interior, el espacio de lo doméstico. Las paredes-ventanas, que se sitúan en la parte izquierda de esta serigrafía, no nos aíslan del mar y el cielo que lo rodea todo, pero sí enmarcan esos espacios que se abren hacia lo infinito. Al enmarcar el afuera, no nos dejan totalmente expuestos al sin sentido, a lo ilimitado. No se puede hablar, a cabalidad, de una presencia, un espacio propio, pero sí queda algo del otro lado donde no hay nada, al sur de la ausencia.

Ya no hay espacio propio, doméstico... pero no quedamos, como espectadores de la obra de Humberto Calzada, desamparados ante el cosmos, ante los elementos. La obra del pintor habanero le enmarca al espectador un espacio en que su mirada puede reposar, habitar, *to dwell*.

La última vez que hablé sobre la obra de Humberto Calzada dije que ni yo, ni ninguno de los miembros de mi generación, éramos nostálgicos. Yo no soñaba, como sí lo hicieron muchos de mis compatriotas que me antecedieron en la experiencia del exilio con un "Next Year in Cuba". Mi sueño era que el próximo año me trajera cualquier lugar que no fuera esa isla que tanto daño me había causado. La palabra nostalgia es un compuesto de dos palabras griegas *nostos* (regreso) y *algos* (dolor). El nostálgico es quien tiene dolor por no poder regresar. El reto que nos propone la otra serigrafía que se presenta hoy es diferente: *El miedo al olvido*. La palabra miedo deriva de la palabra griega *fobos*, vocablo del cual se deriva fobia. La palabra olvido proviene de *Lete* o *Leteo*, nombres que designaban a uno de los ríos del Hades, de cuyas aguas se bebía para no llevar, en la nueva reencarnación, el peso de lo que se había vivido antes. El reto ético que nos lanza la obra de Humberto Calzada no es la nostalgia sino la *leteofobia*, el miedo al olvido.

El arraigo, lo doméstico, como dije al principio, es una condición que nos está vedada. Pero eso no nos convierte automáticamente en nómadas, en ciudadanos de todos los lugares y de ningún lugar, como son los cosmopolitas.

Hay otra figura en el pensamiento antiguo, la hospitalidad, que era la que codificaba el trato con el otro, con el extraño, con el extranjero. Gracias a la hospitalidad se recibía al otro, a quien no se conocía de una forma amistosa. Homero en *La Odisea* decía a través de su protagonista que aquellos que no eran hospitalarios estaban por encima o por debajo de lo humano: eran bestias o dioses.

La obra de Humberto Calzada es hospitalaria, porque nos ofrece una morada a todos aquellos a los que se nos ha arrancado el lugar de lo doméstico, a todos los que hemos sufrido la condición de ser expropiados.

Sus obras están vacías, carentes de presencia humana, porque se abren y le regalan sus bellos colores y casas a todos aquellos que se atreven a mirarlas asumiendo el reto ético que nos impone la *leteofobia*. Aunque no tengamos un lugar propio, no se nos debe borrar la memoria y la esperanza de lo doméstico, de ese lugar donde el universo se hace mundo, donde la naturaleza se convierte en cultura. Aunque no tengamos un lugar propio, no debemos convertirnos en seres desarraigados, fugaces y *nomádicos*, en seres devorados por el olvido del lugar.

No se debe olvidar nunca nuestro deseo de pertenencia. No se debe olvidar nunca que lo que nos hace humanos es crearle una casa para el que nace y otra para el que muere. No se debe olvidar nunca que la hospitalidad —que acoge tanto al que todavía no tiene mundo, al que está por nacer, como al que lo perdió, el difunto— es el rasgo definitorio de nuestra humanidad y no el cosmopolitismo.

Del no lugar al buen lugar

No basta con crear algo, hay que saber dónde ubicarlo. Hubo épocas en que las obras de arte nacían con un lugar, estaban destinadas a un sitio. Hoy suelen nacer sin destino y algunas se quedan huérfanas por años en oscuros depósitos [...]. Podríamos decir que son utópicas. La palabra utopía puede significar un no-lugar o un buen lugar. Todo depende de si esa "U" proviene de los prefijos griegos "ou" o "eu". Digamos que en nuestro tiempo las obras son utópicas por ambas razones, pues parten de un no-lugar y tratamos de conseguirles un buen-lugar.

Federico Vegas

Todo gran artista crea su propia tradición, inventa sus precursores, postula secretas afinidades entre obras que anteriormente nunca habían sido relacionadas como bien sabían Borges y T. S. Elliot. En el caso que me ocupa —los pintores canarios José Arturo Martín y Javier Sicilia, cuyo nombre artístico es Martín y Sicilia— esta invención conlleva la creación de dos subgéneros pictóricos: los cuadros o fotografías bisagra y las siluetas espaciadas

El primero de estos subgéneros nos sitúa ante un cuadro que contrasta dos realidades, dos épocas, dos formas de mirar, de colocarse ante la imagen. Estas imágenes se comunican y contraponen, se conectan y bifurcan a través de una cierta forma de umbral; sea esta una ventana, una cortina o una pared, pero también puertas, cuadros, espejos, pantallas, fotografías o cualquier dispositivo pictórico que permita la duplicación de las imágenes dentro de la propia obra, podría servir para este propósito. Una de las imágenes que estas pinturas ofrecen, y la temporalidad que le es inherente, remite a una forma de creencia colectiva sobre las que todas las miradas de una época convergen: un mito, una historia sagrada, una forma de entretenimiento masivo. La imagen que se le contrapone tiene siempre un carácter anónimo y banal: es un objeto o una figura que carece de prestigio religioso, social o simbólico. El orden en el protagonismo de estas figuras, su relevancia visual, se invierte. La imagen que debía ser protagónica es relegada a un segundo plano, mientras que la que debía resultar invisible, o al menos accesoria, ocupa el centro de nuestra atención. Los cuadros bisagras captan la atmósfera, el *Stimmung* de una época, su armonía, su respiración. Pero toda armonía de época, como en la metáfora heraclitiana, se tensa en direcciones contrarias como la del arco y la lira, en temporalidades contradictorias. Tanto la fábula de Aracné y el telar donde se tejen y destejen los hilos de *Las hilanderas*, de Velázquez; o *La cena de Emaús* donde Jesús y sus dos discípulos aparecen yuxtapuestos a la mirada más ensimismada que haya producido la pintura hacia un cacharro anónimo y sin importancia, en el cuadro también conocido como *La mulata* de Velázquez. Incluso, la imagen y el entretenimiento que proporciona el cine entendido como un fenómeno de la cultura de masas, y el aburrimiento que produce un nuevo concepto de soledad en las nuevas urbes modernas, en *New York Movie*, de Edward Hooper, son ejemplos emblemáticos de este género donde el mito y la esfera mundana y prosaica del trabajo manual, la religión y el misterio que nace de las cosas profanas y cotidianas, el entretenimiento y el tedio nos muestran los dos rostros, la atmósfera de una época, la forma en que cada momento histórico organiza su visibilidad y sus zonas de sombra. Los tres cuadros que hemos descrito dibujan un espacio interior: un telar, una cocina, un cine. En los dos primeros, estos lugares se abren a un espacio sagrado y simbólico a través de la ventana, donde se ve un grupo de mujeres de clase alta que admiran un tapiz en el que se representa el mito, en el cuadro *Las hilanderas*, y en *La mulata*, donde avistamos al dios que se atrevió a ser hombre cenando con dos de sus discípulos. En *New York Movie*, de Hooper, el espacio se bifurca en dos direcciones: a la derecha distinguimos unas butacas y unos espectadores de espalda que miran unas imágenes cinematográficas que apenas logramos vislumbrar. A nuestra izquierda, y ocupando el centro del foco de nuestra atención divisamos a una mujer, la acomodadora, que mira al piso o a ningún lado. Nuestra mirada ha sido desplazada radicalmente: del mito y del tapiz, como *locus* de la obra de arte, a los pies descalzos de las hilanderas y a ese enredo de hilos que se extiende sobre el piso; del tema religioso a la mulata cocinera, al objeto o utensilio casero; de la mayor industria de entretenimiento del siglo XX a esa mirada vacía y desolada de la acomodadora. Pero no solo el dispositivo visual que organizaba lo visible y lo invisible se ha invertido, sino que también ha nacido un nuevo tipo de arcano: el misterio de las cosas cotidianas, la magia de lo ínfimo, de lo insignificante; un misterio y una magia que tienen un carácter profano y desencantado.

Los tres ejemplos mencionados, *Las hilanderas, La mulata, New York Movie* son obras clásicas de la pintura occidental. Sin embargo, la secreta relación que se ha establecido entre las mismas, la forma que hemos descubierto de colocarnos ante ellas se la debemos a cuadros como *La ducha* (2002), *Las braguitas nuevas* (2002), *La fiesta báquica* (2002), *Narciso ha venido a merendar* (2003) y *La casualidad* (2003), por solo mencionar los más relevantes dentro de este género, de Martín y Sicilia. La creación de este subgénero y la tradición que le es inherente le plantea las siguientes preguntas-problemas a la obra de arte: ¿cómo se puede producir el tránsito entre las antípodas espaciales que proponen la utopía y la obra de arte, entre el no lugar y el buen lugar?; ¿qué significado tiene la existencia en estado de imagen para una época en la que los simulacros, las réplicas de lo real, se han multiplicado hasta límites inimaginables? ¿qué tipo de ente es la imagen que ha perdido la semejanza, pero mantiene la apariencia; que ha perdido la esencia, pero subsiste como aparición; ¿qué diferencia existe hoy entre la *poíesis y la praxis y la khêsis*, entre las cosas producidas o creadas y la acción y el uso que ejercemos sobre ellas?

Lo primero que ha cambiado en el cuadro *La ducha*, de Martín y Sicilia, respecto a las pinturas *bisagras* "clásicas" que se han descrito anteriormente, es la distribución de las temporalidades y su forma de entender el espacio: la relación que existe entre lo privado, lo público y lo íntimo. Aquí todo parece ocurrir en el presente. El contrapunto del tiempo del origen —del mito o de la historia sagrada— con el tiempo del ahora que dramatizaban los cuadros de Velázquez ya había sido sustituido por tres temporalidades simultáneas que se acumulaban en el presente en el lienzo de Hooper: el tiempo de la imagen cinematográfica, el de sus espectadores y el de la soledad de la acomodadora. El presente nunca pareció más lleno y a la vez más atomizado —estas temporalidades coexistían pero nunca convergían; existían una al lado de la otra sin que necesariamente llegaran a tocarse. En los cuadros-bisagra de Martín y Sicilia los escenarios en que se bifurca la pintura, como en el célebre jardín del cuento borgeano, parecen separarse para no encontrarse jamás. El lienzo presenta dos mundos, dos mónadas, que existen una al lado de la otra, pero que parecen ignorarse totalmente. Lo que resulta más perturbador y paradójico es que en cada uno de estos escenarios encontramos a uno de los artistas cuyo nombre compuesto parece tener como objetivo buscar un destino artístico común. El cuadro parece empeñado en disolver la comunión que propone el nombre artístico. A la izquierda, en una de las líneas perpendiculares que abre el cuadro, una cortina que se descorre y una puerta que permanece abierta nos permiten ver a uno de los artistas (Javier Sicilia) tomando una ducha. La otra perpendicular se abre hacia la última habitación de la casa —cuyo interior observamos a través de otra puerta que permanece sin cerrar— donde el otro artista (Arturo Martín) pinta a brocha gorda una de las paredes. En la visualidad que propone el cuadro ninguno parece percatarse de la existencia del otro. Sin embargo, hay un tercer elemento —casi invisible si no se mira con cuidado— que es el que comunica las dos escenas, el que postula una posible narrativa, una potencial convergencia de sus temporalidades, una continuidad entre sus espacios. Este elemento se sitúa en la línea perpendicular que comunica el marco de la puerta que se abre hacia el baño con la del final del pasillo. Esta línea perpendicular la ocupa casi en su totalidad una pared que parece acabada de pintar de un color gris opaco, como para sugerir una nota impersonal. Esta pared estructura el presente en un antes y un después: el antes y el después de la pintura. De un lado tenemos a un pintor que ha terminado su labor y limpia su cuerpo de las manchas de pintura; del otro, al que sorprendemos *in media res*, antes de haber concluido. La pared también comunica los diferentes espacios del cuadro, propone una línea que atraviesa todos los lugares contenidos en este interior y crea una perturbadora continuidad entre lo privado y lo íntimo. No hay lugares vedados a la mirada en estas pinturas, ni zonas prohibidas: todas las puertas se mantienen abiertas. Esta pared vacía que parecía condenada a ser invisible no deja espacios oscuros en estos cuadros, zonas de sombras.

Martín y Sicilia: *Narciso ha venido a merendar* (2003)

En otro de los cuadros de este "subgénero", *Narciso ha venido a merendar*, una pared divide la habitación en dos espacios. La sala donde se reúnen varios amigos alrededor de unas botellas —entre ellos uno de los artistas— y el baño donde vemos a través, por supuesto, de una puerta entreabierta al otro artista inclinado (de nuevo separados, divididos por un muro) tratando de mirarse (como Narciso) o de vomitar en el *váter*. En la pared de este último óleo cuelga un cuadro donde se representa al mismo artista que vemos inclinado ante el váter, sentado solo en una habitación mirando —en un profundo y solitario ensimismamiento— a ningún lugar, como la mulata de Velázquez y la acomodadora de Hooper.

Todos los cuadros-bisagras contienen un amplio repertorio de vidas quietas o aquietadas. La hipervisualidad que los caracteriza parece tener como correlato un silencio rotundo, una desoladora quietud. La pared, como en la obra anterior, comunica a ambos artistas, a ambos espacios del cuadro a través de una posible continuidad temporal, de una narración. El artista, que vomita o se mira en el agua llena de desechos, debería haber estado antes con los amigos que se reúnen alrededor de una botella. Esta última pared, sin embargo, nos deja ver mucho mejor la singular concepción de la acción que proponen estos artistas, su idiosincrática forma de entender la narración. Los dos momentos de la acción, el antes y el después, están separados por esa pared-muro, por un paréntesis que los mantiene aislados. Cada acción parece congelada en su propio tiempo y la única comunicación que tiene con la otra es ese largo punto suspensivo que constituye la pared. Los cuadros parecen querer contarnos ese imposible tránsito que ocurre entre el antes y el después; colocan en el centro de su narración ese tiempo muerto representado por la pared, la verdadera protagonista de estos relatos.

Esta última observación nos permite regresar al cuadro comentado anteriormente: *La ducha*. Aquí, la pared pintada pero vacía, nos obliga a situar nuestra mirada en ese intersticio, en esa grieta que existe entre el antes y el después de la pintura. Las dos acciones que presenta este cuadro, bañarse y pintar, parecen existir en estado puro, tiene un carácter estrictamente verbal. No se puede hablar con propiedad de una posible continuidad entre ellas; incluso los términos antes y después pueden resultar reversibles. Podemos pensar con igual legitimidad que el pintor se ducha para limpiar su cuerpo de las manchas de la pintura luego de haber pintado, o que purifica su cuerpo antes de iniciar su labor. La pared nos obliga a situarnos en ese tiempo imposible donde tenemos tanto la obra terminada —ya ha sido pintada— y la obra ausente, por hacer —la pared está vacía, no hay ninguna "obra de arte" colgada en ella—. Por lo tanto, este trabajo constituye una reescritura de todos los cuadros del estudio del pintor: "el pintor en su taller" y "el pintor y sus modelos", y cuyo arquetipo es *Las meninas*, de Velázquez. La cortina del baño está convenientemente descorrida para permitirnos ver al pintor al desnudo. El género "autorretrato del pintor" nunca había sido más profanado. El pintor convertido en su propio modelo se nos exhibe al natural, mientras intenta limpiar o purificar su cuerpo.

Martín y Sicilia: *La ducha* (2003)

La línea perpendicular —que nace en el marco de la puerta del baño— guía nuestra mirada hasta otra puerta abierta donde vemos al otro artista pintando una de las habitaciones a "brocha gorda". La pared desnuda, toda llena de pintura, pero sin ninguna obra de arte que la engalane, así como la borradura de la diferencia —con todas sus implicaciones políticas, culturales y de clase— entre la pintura a pincel y la pintura a brocha gorda —entre el trabajo obrero manual y el trabajo artístico— supone una total desacralización del género en el que se inscribe esta pintura. Es como si el camino que abrió *Las meninas* en el arte occidental terminara en *La ducha*. La profanación que supone el vivir en estado de imagen, ha sido llevada hasta sus últimas consecuencias. Eso no le quita al cuadro, sin embargo, su aire metafísico, su propio misterio, su carácter de iluminación profana.

Para poder darle respuesta a los dos últimos enigmas que propone el cuadro anterior —¿qué significa el vivir en estado de imagen? ¿qué tipo de misterio es este que tiene un carácter estrictamente profano, que es a la vez total visibilidad y total silencio?—, tenemos que desplazarnos al otro subgénero que estos artistas han creado: sus siluetas-espaciadas. Al igual que los cuadros-fotografías bisagras, este es un género híbrido a medio paso entre la escultura y la pintura.

El punto de enlace entre las siluetas espaciadas y los cuadros bisagras son las naturalezas muertas, los bodegones españoles sobre todo a la manera en que lo concebían Francisco de Zurbarán y Fray Juan Sánchez Cotán. Allí se presentan también dos mundos y una ventana marco que los comunica. La diferencia esencial radica en que un mundo ha sido reducido a su mínima expresión: un simple nabo recostado a una ventana, pequeñas coles que cuelgan de hilos casi invisibles, el cordero sacrificial muerto recostado en el mismo marco. No hay nada más en este mundo, nada más existe. Y la ventana-marco que se suponía nos abriera las puertas a la trascendencia, a esa otra realidad que constituye el contrapunto y el complemento de la atmósfera de una época, solo regala un fondo obscuro, un "espacio puro" —o sería mejor decir un "vacío puro"—. Lezama Lima en un artículo sobre Sánchez Cotán afirma: "La sobriedad, la respiración, su ligero apoyarse [del nabo contra el marco de la ventana] borran las huellas y descorren un encantado fragmento de espacio puro". Es este objeto sin historia, sin carga simbólica, sin huellas culturales o históricas el que puntúa y acota el espacio, el que lo hace perceptible, casi táctil. Este objeto hace que respiremos su soledad, y es al respirar cuando sentimos el espacio vacío que rodea a todo, su táctil oscuridad. Las siluetas espaciadas de Martín y Sicilia, sus siluetas recortadas contra un espacio anónimo y vacío, son herederas directas de estos bodegones.

Todas sus obras emblemáticas en este subgénero —*Medidas variables*, 2005 [instalación sobre *foam*], *Los turistas*, 2005 [instalación: acrílico sobre madera recortada], *El brindis*, 2005 [acrílico sobre madera recortada], *Paraíso*, 2011— carecen de volumen, de contexto, de lugar propio, pues aparecen en un espacio ajeno y anónimo y al ser arrancadas, recortadas de un original que desconocemos, llevan la existencia en estado de imagen de la obra de arte a sus últimas posibilidades. Las siluetas espaciadas de Martín y Sicilia funcionan como citas, fragmentos, apariciones, de un original perdido. Su carácter recortado, de una foto o un cuadro que no conocemos, y su enclave en el espacio vacío de los museos —lo cual las acerca a la escultura—habla de esa doble naturaleza de la imagen: han sido arrancadas de un arquetipo o modelo perdido, han sido impuestas en un lugar que les resulta extraño, ajeno.

Estas obras no solo recortan la imagen, esa pura corteza de las cosas, y las hacen aparecer en un espacio anónimo, sino que también acotan el vacío. En este sentido recuerdan la noción de escultura que propone Chillida: lo importante no es tanto arrancarle una forma a una materia bruta, sino más bien robarle un espacio al vacío al hacerlo perceptible, al hacerlo visible, medible. Estas siluetas se colocan en el espacio, lo puntúan, demarcan un territorio, pero no crean una trama, un tejido espacio-temporal que construya una narrativa. Tienen un carácter estrictamente verbal, como las imágenes en los cuadros-bisagra. Cada una de las obras antes mencionadas se les podría resumir en un verbo: brindar (*Brindis)*, apuntar (*Medidas variables*), esperar (*Los turistas*), mirar (*Paraíso*).

Estas siluetas recortadas en madera o en *foam* de Martín Sicilia nos colocan ante un último enigma: ¿cuál es el lugar, en la modernidad tardía, de la obra de arte? Estas figuras recortadas, arrancadas de algún lugar y luego desplegadas en un espacio vacío, más que ocupar, invaden o protegen de una amenaza externa que no sabemos de dónde proviene. En *Medidas variables*, todas las siluetas apuntan desde un lugar que no entendemos a algo que no vemos. Su blanco no está en ningún lugar o los ocupa todos. Estas figuras recortadas han terminado en un mismo espacio, parece como si estuvieran aglutinadas allí pero no sabemos de dónde vienen, cuál era el contexto, la finalidad que le daba sentido a sus acciones. Están amontonadas en un vacío de fondo blanco, que no les provee ningún anclaje que justifique su estar. Tienen una naturaleza tópica: son turistas, boxeadores, francotiradores, militares. La indumentaria que portan, el hacer que simulan, la homogeneidad de su naturaleza les permite ser identificados fácilmente a partir de la actividad que realizan. Sin embargo, no se puede decir que tengan un ser, una identidad: carecen de un aquí y un ahora, incluso del aquí y del ahora que les otorga el arte a sus representaciones. Son solo imágenes, apariciones.

Usufructo
o trabajar para el inglés

Si se mezcla el último texto escrito en este corto documental de 9 minutos y treinta segundos, filmado el 2011, y su título, queda el siguiente "verso" plegaria: "Ruega por nosotros [...] Usufructo". Digo verso con toda intención. Esta película documental escribe el poema de un alma que oímos y vemos en su rutina diaria pero que nunca habla con nosotros. Intentemos descifrar el secreto de esta alma: "*Las vacas son mi vida entera*", pero "*En Cuba* [...] *Todas las vacas* [...] *Son del gobierno*". Tratemos de construir otro silogismo con estos aforismos, con este libro de sabiduría: "*Los comunistas dicen [...] que en el comunismo no hace falta dinero [...] yo le debo 50 000 pesos al banco [...] Y saco mi cuenta*" [...] "*Yo no soy comunista ni gusano [...] Yo soy guajiro*".

Transcribamos otros preceptos de este *arte de vivir en usufructo*:

> "En Cuba trabajamos para comprar dinero"
>
> "Esta tierra no es nuestra"
>
> "El hambre se cura trabajando"
>
> "Siempre soñé con tener lo mío [...] pero [...] hay que despertarse y seguir"

> "La muerte es trabajar toda la vida [...] Y no tener nada"

En lo transcrito hasta ahora se define lo que significa el recuerdo, la propiedad, las filiaciones políticas, el trabajo, el hambre, los sueños, la vigilia, la muerte. Las tablas de la ley de un alma que se ve obligada a vivir en usufructo. *Usufructo* cuenta la historia de un trauma, de una cripta; del secreto y los fantasmas que viven en un alma cuya patria es el usufructo.

Los sueños de la razón producen monstruos, decía Goya. Los de la propiedad arrebatada, usufructo; diría el padre del autor de este documental o al menos los versos que traducen / traicionan su alma. Usufructo: goce vil que consienten los propietarios de la usura. Usufructo: el goce vicario que permiten aquellos que usurpan toda propiedad. Al usufructo también se le puede llamar tal y como lo hacía la jerga callejera en mi época: "trabajar para el inglés". Como se sabe "trabajar para el inglés" quiere decir trabajar en vano, trabajar para que otro se beneficie, trabajar por gusto. Esta frase todavía hoy se escucha en las calles de La Habana. Yo pensaba, antes de haber leído a *Cecilia Valdés*, que era una frase vinculada a la Cuba republicana y que expresaba un resentimiento de la subordinación cubana a los Estados Unidos. Sin embargo, esta expresión tiene otras connotaciones en esta novela. En el capítulo V de la segunda parte de este clásico cubano, mientras está en una fiesta, Rosario, la madre de Leonardo, explica el sentido de la misma. "Trabajar para el inglés" quiere decir la pérdida de esclavos que se traen desde África a manos de buques ingleses.

"Trabajar para el inglés" es perder los beneficios de la trata de esclavos. Como se sabe este negocio es una de las principales fuentes de ingreso para la familia Gamboa. Este refrán, esta máxima, nos revela un secreto tan decisivo como la verdadera identidad de Cecilia Valdés: el flujo de cuerpos y mercancía humana que sostiene las relaciones sociales de este tiempo en la Cuba colonial.

Nicolas Abraham y María Torok propusieron el concepto de cripta para explicar la imposibilidad que tenía el sistema freudiano de expresar el origen del trauma de uno de sus pacientes más conocidos: "El Hombre-Lobo". Lo que proponen Torok y Abraham es una nueva relación entre el síntoma y su origen traumático. Esta nueva concepción se podría resumir de la siguiente manera: el origen no contiene la verdad, el origen es otra historia, otra ficción.

¿Pero cuál el gran secreto, la cripta, que alimenta todas las frases y las imágenes de la película *Usufructo*? El secreto se encuentra en la dedicatoria: *In memory of my brother*. Resulta curioso que una película en la que todos los textos aparecen en español, con subtítulos en inglés, esta dedicatoria al hermano solo se haga en la lengua del doblaje. Se podría decir, en cierto sentido, que la dedicatoria al hermano ausente se escribe en *una lengua muerta* ya que tenemos solo su traducción, pero no el original.

La figura del hermano, además, resulta esencial para entender la historia que se nos cuenta porque es la presencia que falta en la foto familiar que vemos en el momento que se podría definir como la escena onírica del filme. El protagonista yace acostado —en una película en la que se nos presentan los trabajos y los días de un guajiro cubano que vive en usufructo— y a continuación se lee lo siguiente: "Siempre soñé con tener lo mío". Lo mío, la materia del sueño no es la tierra, ni las vacas, ni el dinero que se obtiene por el trabajo. Lo único *suyo* es su familia: su mujer que aparece junto a él en una instantánea en plano fijo, su hija y su hijo, el realizador de este film. La figura que debería completar este cuadro es el hermano a cuya memoria se dedica la película.

El hermano es el cuarto protagonista —como una ausencia que acecha (*haunting*) a los vivos que dan testimonio y al ojo que filma— en otro film documental de Eliecer Jiménez Almeida, el realizador de la película que comentamos, titulada *Persona*. Allí aprendemos por boca de la madre, mientras vemos algunas de sus fotos, las que podrían haber completado el cuadro familiar, quién es este hermano:

> La juventud de tu hermano fue triste. Una juventud casi perdida. Donde estuvo muchos años presos solo con veinte años [...]. Estuvo preso por matar vacas. Cuando solamente tenía veinte años y le pidieron catorce años. De esos catorce años cumplió siete. Cuando salió de la prisión se encontró muy abatido por situaciones económicas, lo que lo hizo irse del país. Se fueron en el 2004. Once personas, diez hombres y una mujer, buscando los sueños de cualquier joven. A su edad, que se encontraba en una situación económica muy mala. No he sabido más de él [...].

¿Qué quiere decir entonces vivir en "usufructo"? Que las vacas sean tu vida entera pero que no sean tuyas, que trabajes no por un salario, sino para olvidar el hambre y comprar dinero. Que tu hijo haya sido condenado por robar unas vacas que bien hubieran podido ser tuyas y que eso le haya costado no solo la libertad sino la vida. Eso, como ya habrá aprendido el lector de este ensayo, es mucho peor que trabajar para el inglés.

Eliecer Jiménez Almeida: *Usufructo* (2011)

ÍNDICE

Últimos títulos publicados por *Casa Vacía*

ROBERTO MÉNDEZ MARTÍNEZ
Música nocturna para un hereje
(novela)

MICHAEL H. MIRANDA
Venecia inactual
(diario de viaje)

ROGER SANTIVÁÑEZ (comp.)
Poesía: Relámpago maravilloso
(poesía)

JORGE YGLESIAS
Pequeña Siberia
(poesía)

DANIEL CÉSPEDES GÓNGORA (comp.)
Pasolini: las jerarquías de la inspiración
(ensayo)

LIZABEL MÓNICA
Hay palabras vulva
(poesía)

HUGO FABEL
Matar al Buda
(poesía)

MAURO A. FERNÁNDEZ
las rajaduras que hay en la lengua de las personas
(poesía)

REMBERTO PÉREZ / MARÍA PÉREZ
Cuando salí de Cuba
(memorias, testimonio)

José Prats Sariol
Diarios para Stefan Zweig
(novela)

Jorge Enrique Lage
Libros raros y de uso
(novela)

Inti Yanes-Fernández
Alle Ontologie
(poesía)

Ricardo Alberto pérez
Hematoma
(poesía)

Arturo Dávila
También garganta el mar
(poesía)

Diego L. García
El lento hacer. Ensayos sobre imagen y escritura
(ensayo)

Mario Arteca
Cuello Mao
(poesía)

Vasili Rózanov
Motivos orientales
(ensayo)

Youre Merino
Asentamiento en la civilidad
(poesía)

Pablo de Cuba Soria
Monsieur Ferlinguetti
(prosa)

www.ingramcontent.com/pod-product-compliance
Lightning Source LLC
La Vergne TN
LVHW090951080826
845145LV00003B/974

* 9 7 8 1 9 6 1 7 2 2 1 4 9 *